AF455871

L'ORIGINE DU MAL MORAL ET LA CHUTE PRIMITIVE

Ad usum privatum.

A l'usage d'épreuve.

DL 3618 25-3-50 A

TABLE DES ABREVIATIONS

des livres de l'Ancien et du Nouveau Testament

ANCIEN TESTAMENT

Genèse	*Gen.*
Exode	*Ex.*
Lévitique	*Levit.*
Nombres	*Num.*
Deutéronome	*Deut.*
Josué	*Jos.*
Juges	*Jud.*
I Samuel	*I. Sam.*
II Samuel	*II. Sam.*
I Rois	*I. Reg.*
II Rois	*II. Reg.*
I Chroniques	*I. Chron.*
II Chroniques	*II. Chron.*
ou I Paralipomènes.	*I. Par.*
II Paralipomènes.	*II. Par.*
Esdras	*Esdr.*
Néhémie	*Neh.*
Tobie	*Tob.*
Judith	*Judith.*
Esther	*Est.*
I Macchabées	*I. Macch.*
II Macchabées	*II. Macch.*
Job	*Job.*
Psaumes	*Ps.*
Proverbes	*Prov.*
Ecclésiaste	*Eccle.*
Cantique des cantiques	*Cant.*
Sagesse	*Sap.*
Ecclésiastique (Sagesse de Jésus, fils de Sirach)	*Eccli.*
Isaïe	*Is.*
Jérémie	*Jer.*
Lamentations (ou Thrènes)	*Lam.*
Baruch	*Bar.*
Ezéchiel	*Ez.*
Daniel	*Dan.*
Osée	*Os.*
Joel	*Jo.*
Amos	*Am.*
Abdias	*Abd.*
Jonas	*Jon.*
Michée	*Mich.*
Nahum	*Nah.*
Habacuc	*Hab.*
Sophonie	*Soph.*
Aggée	*Agg.*
Zacharie	*Zach.*
Malachie	*Mal.*

NOUVEAU TESTAMENT

Evangile selon saint Matthieu	*Mat.*
Evangile selon saint Marc	*Mc.*
Evangile selon saint Luc	*Lc.*
Evangile selon saint Jean	*Joh.*
Actes des Apôtres	*Act.*
Epître aux Romains	*Rom.*
Ire Epître aux Corinthiens	*I. Cor.*
IIe Epître aux Corinthiens	*II. Cor.*
Epître aux Galates	*Gal.*
Epître aux Ephésiens	*Eph.*
Epître aux Philippiens	*Phil.*
Epître aux Colossiens	*Col.*
Ire Epître aux Thessaloniciens	*I. Thess.*
IIe Epître aux Thessaloniciens	*II. Thess.*
Ire Epître à Timothée	*I. Tim.*
IIe Epître à Timothée	*II. Tim.*
Epître à Tite	*Tit.*
Epître à Philémon	*Philem.*
Epître aux Hébreux	*Hebr.*
Epître de saint Jacques	*Jac.*
Ire Epître de saint Pierre	*I. Petr.*
IIe Epître de saint Pierre	*II. Petr.*
Ire Epître de saint Jean	*I. Joh.*
IIe Epître de saint Jean	*II. Joh.*
IIIe Epître de saint Jean	*III. Joh.*
Epître de saint Jude	*Jude.*
Apocalypse de saint Jean	*Apoc.*

AVERTISSEMENT

Le présent travail est une œuvre d'apologétique qui ne s'adresse pas au public. Elle est uniquement destinée à servir l'effort apostolique des chrétiens éclairés, en les aidant à dissiper quelques-unes des objections que font, à la pensée commune des fidèles ou aux opinions théologiques concernant le péché originel, c'est-à-dire la cause de la déchéance morale de notre espèce, certaines âmes de bonne volonté qui sont en même temps des esprits très cultivés, et que ces objections arrêtent au seuil de l'Eglise.

Pour de telles âmes, le péché est chose personnelle et notre premier ancêtre n'a pas pu pécher pour toute son immense famille, comme on l'a cru d'abord et assez longtemps au moins en Occident; nous n'étions pas en Adam pour pécher avec lui. Que la faute d'Adam devînt nôtre par imputation (système auquel on recourut plus tard), ces mêmes âmes ne peuvent non plus l'admettre: on ne peut pas m'imputer avec ses conséquences éternelles un péché que je n'ai pas commis; la faute d'un père n'a sur ses enfants que les effets bornés au temps, encore ne les rend-elle que malheureux.

Depuis longtemps il est vrai on ne regarde plus le péché d'origine comme une faute, par nous commise ou à nous imputée; c'est, lors de notre venue au monde, le manque d'une grâce qu'exige notre destination à l'état surnaturel. Sans la faute d'Adam cette grâce ne nous eût jamais fait défaut: tous les hommes seraient nés dans l'état de grâce. Le commun des fidèles va même plus loin: sans cette faute, pensent-ils, nous aurions été presque impeccables à cause de l'équilibre parfait entre les diverses puissances de notre être. Cependant cet équilibre n'eût pas été plus parfait que celui qui existait dans le premier ancêtre quand il sortit des mains du Créateur, ce qui ne l'empêcha pas de tomber sans retard, d'après ce que dit la Bible. D'ailleurs, la pensée un peu naïve des simples Fidèles mise de côté, les âmes de bonne volonté mais de culture élevée, dont on a parlé plus haut, sont peu disposées à admettre que la chute du premier représentant de notre espèce ait été cause de chute et de chute morale pour toute l'espèce. Nous employons le mot chute, car ce serait terrible décadence de ne naître que pour la terre après avoir été d'abord destiné au Ciel, ou, ce qui est la même chose, de ne naître que dans l'état de nature au lieu de venir au monde dans l'état de grâce. Pour admettre qu'un changement si radical dans le gouvernement de la Providence à l'égard de l'Humanité est dû au péché commis dans le jardin d'Eden, il faudrait pouvoir alléguer des preuves claires et décisives. Or le présent travail sur le péché d'origine montrera que de telles preuves n'existent pas, qu'on ne les trouve ni dans l'Ecriture, ni dans les définitions ecclésiastiques, ni dans un consentement suffisamment unanime des saints Pères en cette matière. Pour saint Thomas d'Aquin et ses nombreux disciples, Adam fut créé *pour* et *dans* l'état de grâce et il devait en être de même pour tous les individus de son immense descendance. Pour l'Ecole rivale, à laquelle appartiennent saint Bonaventure, Duns Scot, les Victorins et le Maître des Sentences, Adam fut créé *pour* l'état de grâce, mais non *dans* cet état auquel il ne fut élevé qu'après sa création (1), et il en eût été naturellement de même pour ses descendants. Nous ne sommes donc que devant des opinions théologiques, aussi respectables qu'on voudra, mais dont aucune ne s'impose à l'esprit. Il suffit, pour qu'elles soient recevables, qu'elles ne contiennent rien qui soit contraire à la foi, et à la pratique constante et universelle de l'Eglise, qui est de baptiser les enfants pour qu'ils soient admis au Ciel en cas de mort prématurée.

---

(1) Quoique l'immense majorité des Pères du Concile de Trente fût de l'avis de saint Thomas, le Concile rédigea son premier canon sur le péché originel de manière à ne condamner en rien la pensée de saint Bonaventure.

Cette petite Etude comprend plusieurs parties d'inégale étendue et très probablement aussi d'inégale importance; nous aurons donc à voir:

PREMIÈRE PARTIE

Quelle est la nature du monde moral, quelle est son étendue et dans ses différents ordres quels ont été et quels sont encore ses rapports avec la loi qui en régit les êtres, loi fondée sur la nature de ces êtres et qui n'est autre que la loi morale, reflet en eux de la loi éternelle: ces considérations nous montreront la source première du mal moral.

DEUXIÈME PARTIE

Comment, dans les divers ordres du monde moral, les chutes par transgression de la loi morale ont été ou prévenues, ou réparées, ou sont demeurées irréparables. ici interviendra la Rédemption par le Fils éternel de Dieu, devenu d'abord membre du monde moral par son Incarnation, bien que demeurant au-dessus de tout par sa Divinité.

TROISIÈME PARTIE

Enfin quelle est la nature de la chute dont les effets d'ordre moral se font sentir, dit-on, sur notre humanité depuis son origine et comment ces tristes effets peuvent-ils être réparés.

PREMIÈRE PARTIE

I. — Existence, Nature et Etendue du Monde Moral.

a) Définition du monde moral.

Notre humanité est un monde moral, car entre ses représentants les moins parfaits et les animaux supérieurs il y a une différence d'*ordre* et non pas simplement de degré, comme maints savants en sciences naturelles le prétendent aujourd'hui : pour réfuter leur dire, il suffit de voir ce que sont devenus, dans un milieu presque hostile, les noirs transportés comme esclaves d'Afrique aux Etats-Unis et libérés depuis environ trois quarts de siècle ; ils égalent et parfois dépassent les blancs en intelligence et, s'ils leur sont souvent inférieurs en moralité, cela est dû à leur manque d'éducation et non à l'incapacité de leur nature : notre affirmation trouve une preuve sans réplique possible dans la conduite des noirs de l'Ouganda, dont plusieurs, chrétiens depuis quelques années seulement, aimèrent mieux vers la fin du siècle dernier être brûlés vivants que de trahir leur foi : c'était de l'héroïsme moral à sa plus haute puissance ; aussi l'Eglise les a-t-elle placés sur ses autels : l'éducation des singes anthropoïdes, serait-elle possible, ne donnera jamais de semblables résultats ; un abîme se trouve et un abîme infranchissable entre l'homme et tous les êtres visibles qui l'entourent. Notre humanité est donc un monde moral. C'est même le seul qui soit à la portée de notre connaissance naturelle ; il suffit cependant pour nous donner une idée vraie, mais sans doute inachevée, de ce qui constitue un monde moral. La caractéristique du monde moral c'est la responsabilité, qui suppose la liberté interne, laquelle à son tour requiert la raison. Dans un champ réel, quoique limité et dont l'étendue varie avec les individus et parfois avec le temps pour un même individu, les êtres du monde moral peuvent agir ou ne pas agir et, quand ils agissent, ils peuvent choisir leurs actes et ils sont guidés dans ce libre choix non par des *mobiles* ou biens sensibles, comme le sont les animaux, mais par des *motifs* ou biens supérieurs que la raison peut seule appréhender et qui perfectionnent l'homme dans ce qui le fait vraiment homme.

b) Pluralité du monde moral.

Notre monde moral est-il seul ou bien en existe-t-il d'autres? C'est une question à laquelle notre raison, livrée à ses seules forces, ne saurait donner une réponse: la pluralité de mondes d'ordre moral, semblables ou au moins analogues au nôtre, ne lui paraît pas impossible ni même improbable, sans aller cependant jusqu'à dire que les étoiles — qui sont de vrais soleils — ont nécessairement des planètes et que ces planètes sont, au moins en partie, nécessairement habitées; car ce serait remplacer le certain par le non improbable; il n'y a pas de lien nécessaire entre les mondes de l'ordre physique et les mondes de l'ordre moral; ce sont des réalités absolument disparates, qui peuvent coexister, mais dont la présence de l'une n'entraîne pas néanmoins la présence de l'autre. Notre question ne demeure pas pour cela sans réponse.

c) Monde moral invisible ou angélique.

Interrogeons la Révélation judéo-chrétienne dont l'existence, surtout pour ce qui a trait à la personne du Christ, s'appuie sur des preuves historiques de première valeur et qui n'est niée que par ceux dont la conduite morale en est gênée ou encore par ceux en si grand nombre aujourd'hui qui n'ont reçu aucune éducation religieuse ou dont l'étude exclusive de la matière a rendu l'esprit à peu près inapte à saisir les vérités d'ordre moral qui ne tombent ni sous les sens ni sous la mesure précise du temps et de l'espace. Dans les documents officiels qui nous l'ont transmise, cette Révélation nous montre de nombreux esprits occupés soit à attendre les ordres divins, soit à les accomplir (*I Reg.* XII, 19 seqq.; *Job.* I, 6 seqq.; *Apoc.* XVI, 4 seqq., etc.). On a reproché à l'angélologie de l'Ancien Testament d'être tributaire de la croyance des Perses et d'être ainsi d'une valeur fort douteuse, mais les textes ci-dessus n'ont pu, vu leur date, être influencés par la Perse et on pourrait multiplier de telles citations. On pourrait peut-être soupçonner une inspiration de la Perse là où dans *Tobie*

(XII, 15) l'ange Raphaël se dit être un des sept qui se tiennent devant le Seigneur (cf. *Esth.* I, 14), mais on peut dire du nombre sept que c'est un nombre biblique et d'ailleurs les sept Grands de Perse étaient les premiers après le roi, mais ne se tenaient pas debout devant lui (cf. *Esth.* I, 14). Que si on nous dit qu'il ne faut pas presser le sens dans les passages de l'Apocalypse, nous n'en disconviendrons pas; aussi n'en concluons-nous que l'existence d'anges dans les mondes invisibles de l'ordre moral. D'ailleurs l'attestation qu'il existe des anges abonde dans le Nouveau Testament (cf. *Eph.* I, 21; *Col.* I, 16, etc.). Ce qui confirme notre dire, et cela sans appel, ce sont les paroles du Sauveur lui-même dans l'Evangile: il donne comme réalité incontestable l'existence des anges lorsqu'il appuie sa sévère défense de scandaliser les petits sur le fait que « leurs anges dans le ciel voient la face du Père céleste » (*Mat.* XVIII, 10) et il nous indique le grand nombre des anges quand il dit (*ibid.* XXVI, 53) que « son Père, s'il le lui demandait, en enverrait plus de douze légions » pour sa défense: ici, comme dans presque toute l'Ecriture, le nombre douze marque une sorte d'universalité, et peut-être Daniel, qui est une apocalypse prophétique comme celle de saint Jean, n'est-il pas exagéré quand (*Dan.* VII, 10) il parle d'un million d'esprits qui servaient l'Eternel et de cent millions qui se tenaient devant lui. Ces nombres ne sont pas pour nous surprendre, si l'on songe que la population actuelle de notre globe est d'un milliard et demi environ et qu'elle se renouvelle à peu près trois fois par siècle, ce qui tous les cent ans envoie quatre milliards d'êtres humains dans la vie sans fin de l'éternité.

Connaître le nombre des membres du monde moral invisible est sans intérêt pour nous; une question plus intéressante se pose : les habitants de ce monde-là sont-ils tous, comme ceux du nôtre, de même espèce morale ou bien sont-ils différents entre eux *en tant qu'êtres de l'ordre moral?* En d'autres termes, le monde moral tout entier n'est-il formé que de deux ordres, l'un visible pour nous et l'autre invisible? ou bien ce dernier comprend-il différents ordres? Parmi les passages déjà cités de saint Paul (*Eph.* I, 21; *Col.* I, 16) on nomme des Puissances, des Principautés, des Vertus ou Forces, des Dominations et des Trônes. Les anges sont nommés à satiété dans l'Ancien et le Nouveau Testament. Dans *Thess.* IV, 16 et *Jud.* 9 il est question d'archanges et en particulier de Michel. Dans *Isaïe* VI, 2, nous avons des Séraphins à six ailes qu'il ne faut pas confondre avec les serpents brûlants de *Num.* XXI, 6, car sous le même nom hébreu se cachent des réalités bien différentes, comme le montre dans l'arabe littéraire ou ancien le même mot commun aux deux langues. Enfin des Chérubins, dont les taureaux assyriens du Louvre sont peut-être un symbole, étaient chargés (*Gen.* III, 24) d'empêcher l'accès à l'arbre de vie dans le jardin d'Eden; Ezéchiel fait allusion à ces Chérubins quand (XXVIII, 14) il s'adresse au prince de Tyr; n'étaient pas non plus sans rapport avec les Chérubins primitifs ceux dont les ailes couvraient le propitiatoire ou couvercle de l'arche d'alliance et que mentionne (*Hebr.* IX, 5) le Nouveau Testament lui-même.

Nous avons ainsi neuf appellations qui paraissent désigner neuf catégories différentes d'anges. Ces catégories diffèrent-elles par nature ou par office à remplir ou par ces deux choses à la fois? On ne saurait le dire à cause de la rareté et de l'imprécision des documents scripturaires, les seuls qui comptent en la présente matière. On a voulu voir dans les noms ci-dessus cités une liste exhaustive des catégories angéliques et de là les neuf chœurs des anges, pas un de plus ni un de moins; mais saint Paul déjà cité (*Eph.* I, 21), après avoir donné les noms de quatre catégories d'anges, parle d'autres noms comme réels soit dans ce siècle, soit dans le siècle à venir : ce qui paraît bien indiquer que la liste des chœurs des anges n'est pas exhaustive et pris à la lettre (mais en a-t-on le droit?). Cela paraît indiquer aussi que les noms des catégories angéliques désignent surtout des offices à remplir par les esprits célestes, offices qui peuvent varier avec le temps. Ce que l'Ecriture permet de conclure avec assez d'assurance, c'est qu'il y a hiérarchie parmi les anges, avec supérieurs et inférieurs ou chefs et subordonnés: la chose paraît claire en maints endroits de l'Apocalypse et surtout dans *Apoc.* XII, 7-8. Combien de hiérarchies parmi les esprits célestes et combien d'ordres ou catégories dans chaque hiérarchie? Il faut se résoudre à l'ignorer, à moins de prendre comme guide le pseudo-Denis l'Aréopagite dans sa Hiérarchie céleste qui, avec l'aide de raisons *topiques* a permis, même aux grands théologiens, de composer durant des siècles d'énormes Traités des Anges, traités dont les manuels de théologie pendant longtemps ont donné un résumé. Le Christ est beaucoup plus sobre dans sa prédication au peuple, ainsi que nous le voyons par les trois premiers Evangiles qui nous en donnent la substance: il n'y a que des anges soit autour de sa personne, soit pour la protection des petits qui croient en lui (*Mat.* IV, 11; XVIII, 10). Ce qui est ici pratique pour nous c'est que ces bienheureux esprits méritent tous notre respect et notre confiance. Les offices dont ils sont chargés sont d'importance inégale: les plus hauts de ces emplois sont-ils confiés à ceux qui ont une nature supérieure, c'est possible, mais nullement nécessaire; les Papes dans l'Église ont le mot dernier et décisif en ce qui est capital, en la définition des vérités à croire, et cependant ce ne sont pour la plupart que des hommes d'intelligence ordinaire, bien inférieurs en ce point à ceux qu'on appelle les grands Docteurs de l'Eglise. On objectera peut-être que les Papes ont ici un secours divin surnaturel; mais les anges, « qui dans le ciel voient toujours la face du Père céleste », ont un secours analogue pour accomplir ce qui leur est commandé et dès lors il n'est pas impossible, quoique nous n'en sachions rien, qu'un ange de nature moins élevée soit chargé d'un office plus haut qu'un autre ange de nature plus parfaite : répétons-le, il n'y a pas de rapport nécessaire ni même possible entre le naturel et le surnaturel véritable, ce sont deux réalités absolument hétérogènes.

d) Identité de nature morale dans tous les êtres du monde moral : état naturel chez tous.

Ce qui vient d'être dit nous suggère une remarque importante en elle-même et à laquelle nous aurons à renvoyer dans la suite de ce travail. Seuls les êtres doués de raison — au sens actuel de ce mot — et de liberté sont susceptibles d'être élevés à l'état surnaturel, sans toutefois y avoir le moindre droit. Mais, une fois cette élévation réalisée, la perfection de l'être ainsi élevé ne peut en rien être préjugée d'après celle de la nature de cet être; bien plus, d'après saint Paul, on ne peut ici-bas avoir une idée de ce que Dieu prépare à ceux qui l'aiment, c'est-à-dire du surnaturel, qui est grâce dans le temps et gloire dans l'éternité (*I. Cor.* II, 9). Comme l'humanité a été dans la pensée divine élevée pour toujours à l'état surnaturel, même avant la création du monde (*Eph.* I, 3-5), il s'en suit que parfois les plus petits parmi les fidèles dépassent en perfection vraie ceux qui sont au-dessus d'eux par les qualités naturelles, le rang dans la société, et même les plus hautes dignités dans l'Eglise: cela se vérifie pour nombre de saints sortis des plus humbles conditions. On peut même aller jusqu'à dire qu'il n'est pas impossible que dans la gloire certains saints ne soient placés plus haut que certains anges; en tout cas, la Vierge, quoique d'une nature inférieure à la nature angélique, dépasse tous les esprits bienheureux non pas seulement par sa dignité de Mère de Dieu, mais aussi par sa perfection propre. En somme il y a parmi nous des différences de nature capables de former des races stables, mais nullement des espèces, et cependant, grâce à l'éducation physique, intellectuelle et morale, il y a des différences réelles et parfois énormes d'homme à homme. En est-il ainsi parmi les anges? On ne saurait le dire; ces êtres spirituels semblent avoir été formés, non développables comme nous, mais à peu près entièrement développés: dès lors il se peut qu'il y ait entre eux des différences naturelles *fixes* capables d'établir dans le monde angélique ce que nous appellerions ici-bas des espèces. Toutefois, ici encore, il vaut mieux ignorer afin de ne pas dépasser les affirmations que nous permettent les données que nous possédons; d'ailleurs l'étude détaillée de l'état naturel des anges aussi bien que des hommes est sans utilité pour notre sujet. Ce qui est vraiment important ici, et cela a été déjà signalé, c'est que tous les êtres du monde moral ont en commun d'être responsables de leurs actes, parce que, doués de connaissance rationnelle, ils peuvent les choisir librement dans le champ de leur action.

C'est cet ensemble de propriétés communes qui permet de dire que tous les êtres du monde moral sont de même espèce en tant qu'êtres de l'ordre moral, et comme tels ne diffèrent entre eux que de degré ou du plus au moins. Pour les mêmes raisons tous relèvent directement de Dieu et n'ont le devoir de se soumettre à leurs semblables qu'autant que l'ordre *naturel* ou l'ordre *positif* divin l'exigent : ainsi l'enfant doit obéir à ses parents, le fidèle au Pape et l'ange au Christ en tant qu'homme, car en tant que Fils éternel de Dieu, il n'a d'égal que le Père et l'Esprit Saint. Enfin et toujours pour les mêmes raisons, tous les êtres du monde moral sont, comme on l'a déjà remarqué, susceptibles d'être élevés à l'état surnaturel. La Révélation judéo-chrétienne peut seule nous apprendre si cette possibilité a été réalisée, et ici nous avons une réponse claire et affirmative : « Les anges voient sans cesse la face du Père dans le ciel » (*Mat.* XXVIII, 10) et les hommes ne sont pas seulement *appelés* enfants de Dieu, mais ils le sont en *réalité* (*I. Joh.* III, 1).

Le monde moral est donc double, l'un visible qui est le nôtre, et l'autre invisible — pour nous — qui est celui des anges. Notre monde moral est dans sa partie vraiment morale identique à l'Eglise catholique, car cette partie se rattache au moins à l'âme invisible de l'Eglise, quand elle ne peut pas se rattacher au corps visible de cette même Eglise faute de le connaître. Ce monde moral visible est en voie d'accroissement possible jusqu'à la fin des temps, non seulement parce qu'une génération en remplace une autre, mais aussi parce que les membres d'une même génération, qui ne sont pas encore entrés dans l'Eglise ou qui en sont sortis, peuvent enfin y prendre une place fixe tant qu'ils sont dans la vie présente. D'après l'Ecriture, le monde des anges paraît achevé tant dans la partie qui a gardé son rang que dans celle qui en est déchue. Lors donc que notre humanité aura disparu de la terre, à une époque connue de Dieu seul, alors le sort du monde moral *actuel* sera fixé pour jamais : une partie sera dans la gloire éternelle et l'autre dans l'opprobre éternel (*Dan.* XII, 2).

e) Le Christ, Centre et Tête du monde moral.

Jusqu'ici toutefois nous n'avons vu, si l'on peut ainsi parler, que les membres épars du monde moral ; il manque un centre qui les unifie, une tête qui les dirige ; ces membres ont bien une fin commune, Dieu qui leur sera montré dans sa gloire, mais cette fin est en dehors et au-dessus d'eux, au moins pendant la durée de l'épreuve à laquelle chaque membre du monde moral est naturellement soumis afin de se faire lui-même, Dieu aidant, sa place définitive. Or à la suite de saint Paul, dans un de ses morceaux les plus remarquables (*Eph.* I, 3-10), il nous est permis d'affirmer que dans la pensée divine l'Incarnation a été voulue de toute éternité en faveur du monde moral tout *entier*, puisque nous avons été choisis dans le Christ avant la création du monde et que par son intermédiaire nous avons été prédestinés à la filiation divine adoptive et que d'autre part dans la disposition de la plénitude des temps par Dieu, tout doit être rattaché au Christ comme à une tête — la traduction latine de *anakephalaiôsasthai* par *instaurare* dans notre *Vulgate* est ici défectueuse, — et ce qui est dans le ciel et ce qui est sur la terre. Ici le ciel opposé à la terre indique tout ce qui est dans le ciel, anges et élus, et non pas les élus seulement, comme pourraient le penser ceux qui veulent que l'Incarnation n'ait eu lieu qu'à cause de la Rédemption et la Rédemption à cause de la chute primitive de notre humanité. D'ailleurs nous avons pour preuve de notre affirmation ce que saint Paul dit dans la suite (*ibid.* 20-21) que le Père a placé le Christ à sa droite au-dessus de toute Puissance, de toute Principauté, de toute Vertu ou Force, de toute Domination et de tout ce qui a nom dans le siècle présent ou dans le siècle futur. Au reste, dans *Mat.* XXV, 31 seqq., le Christ parle encore avec plus de précision : il viendra et s'assiéra sur le trône de sa gloire, accompagné de tous les anges et comme Roi il introduira les élus dans son Royaume céleste dont les anges font déjà partie. Alors le monde moral, avec tous ses ordres angéliques et toutes ses catégories d'élus — martyrs, confesseurs et vierges, — sera vraiment un dans la gloire, et le Christ, qui en est membre comme homme, en est au même titre le Centre unifiant et la Tête ou Chef directeur, car il en est la Fin comme Dieu et cette Fin, acquise et possédée par les anges et les élus, produit en eux la béatitude et la gloire. Evidemment tout ceci n'est vrai que pour la partie du monde moral qui n'a pas subi de déchéance irréparable.

II. — Le Monde moral et sa Loi. Possibilité du mal moral.

---

a) Loi morale : envers soi-même, envers le prochain, envers Dieu.

La loi du monde moral est la loi d'après laquelle chaque membre de ce monde doit régler sa conduite ou l'ensemble de toutes ses actions, non seulement pour ne pas déchoir, mais encore pour acquérir la perfection que requiert sa nature et atteindre ainsi la fin qui lui est assignée. Cette loi des êtres du monde moral est partie naturelle ou rationnelle et partie positive, parce qu'elle résulte en partie de notre nature d'hommes et en partie de notre qualité de chrétiens que nous sommes ou au moins que nous devons être. La partie naturelle de cette loi peut être dite *rationnelle* parce que la raison suffisamment développée nous apprend ou du moins peut nous apprendre ce que notre nature exige de nous pour être ce qu'elle doit être. La loi naturelle en effet demande, pour ce qui nous regarde nous-mêmes, que nos instincts ou virtualités soient développés et non atrophiés, mais développés selon la droite raison, c'est-à-dire d'une manière harmonieuse, sans sacrifier à l'une de ces virtualités l'ensemble des autres, comme le fait le gourmand et l'ivrogne qui sacrifie et asservit au sens du goût tous ses principes d'action et toutes ses énergies. Ce développement rationnel et harmonieux de nos instincts tant sensibles que supérieurs favorise la santé du corps et l'équilibre de l'esprit, s'il ne va pas même parfois jusqu'à les produire. D'ailleurs la règle à suivre pour harmoniser entre eux nos instincts de toute nature tient à la fois de nous-mêmes et du milieu dans lequel nous vivons: sous ce dernier point de vue, elle nous laisse d'ordinaire une certaine liberté de choix. On a besoin d'un état soit pour *vivre,* soit pour *bien vivre* et n'être pas dans la société un membre à charge ou au moins inutile et dès lors méprisé : de là professions manuelles ou professions libérales; dans celles-là le développement des instincts supérieurs sera réduit au minimum nécessaire; dans les autres c'est l'inverse qui aura lieu; mais dans les deux cas la loi morale garde sur nous tout son empire et nous commande d'accomplir tout ce qu'exige notre état de vie, que nous l'ayions choisi librement ou qu'il nous ait été imposé par les circonstances. Ici nous ne sacrifions pas nos instincts ou puissances naturelles, nous nous contentons de ne pas les mettre tous sur le même rang. En certains cas cependant tel ou tel instinct est totalement sacrifié en vue d'obtenir un bien supérieur: ainsi le soldat doit exposer sa vie pour la défense de son pays; le prêtre doit renoncer aux joies légitimes du mariage et de la famille pour avoir le temps de s'occuper de sa famille spirituelle et le religieux cloîtré doit renoncer aux soins un peu spéciaux de la santé pour se livrer à la pénitence et à la prière en faveur de ceux de ses semblables qui ne comprennent ni ne sentent leurs besoins spirituels. Mais arrêtons-nous ici, car ce serait des livres à écrire pour exposer ce qui a trait au développement moral de l'individu *en lui-même* et ces livres ont été écrits soit par des moralistes dignes de ce nom, soit surtout par des saints.

Comme chaque être humain est tenu envers lui-même à tous les devoirs ci-dessus exposés, il a le droit rigoureux de ne pas en être empêché et quand nous ne respectons pas ce droit, nous manquons à la justice, base de toute société parmi les hommes. Il peut arriver que quelqu'un de nous ne puisse pas atteindre ou n'atteigne que d'une manière tout à fait défectueuse le minimum de perfection requis pour notre espèce, s'il ne lui vient un secours du dehors; nous manquons à la vertu sociale la plus haute, à la charité, si dans la mesure de notre possible nous ne donnons ce secours à qui nous savons en avoir besoin et ne pouvoir l'obtenir d'ailleurs. Le besoin et le secours qu'il réclame tiennent toujours à l'ordre moral et de ce chef font intervenir l'action de la loi morale, même quand le secours exigé n'est que d'ordre matériel, car d'après Léon XIII (*De Conditione Opificum*) citant saint

Thomas (*De regim. princ.* I, 15) et par le fait Aristote (*Ethic. Nico.* I, 8), il faut un certain bien-être pour la pratique de la vertu, mises à part les âmes d'élite qui se dépouillent de tout pour mieux s'attacher au Christ: aussi le Juge souverain nous est-il dépeint terrible (*Mat.* XXV, 31 seqq.) envers ceux qui n'auront pas secouru leurs semblables en grand besoin. La même conclusion se tire et avec plus de rigueur encore, s'il s'agit de besoins d'ordre purement moral et religieux, mais ici ce sont surtout les supérieurs religieux qui sont en cause à l'égard de leurs subordonnés.

Outre ses devoirs envers lui-même et envers ses semblables, l'être appartenant à l'ordre moral a des devoirs envers Dieu et envers le Christ et ce sont les plus importants de ses devoirs, puisque seul leur accomplissement nous rend moralement bons: l'amour, même le mieux réglé, de nous-mêmes et du prochain, s'il n'est pas commandé ou au moins inspiré par l'amour de Dieu, n'a qu'une valeur d'ordre moral naturel et nullement une valeur d'ordre moral surnaturel. Nos devoirs envers Dieu et envers le Christ en tant que Fils éternel de Dieu se réduisent au respect profond et hors de pair dû exclusivement au seul Créateur et qu'on appelle adoration, à la reconnaissance incessante envers Celui de qui nous tenons tout, à l'instante prière vers Celui de qui nous avons sans cesse besoin, et enfin à l'humble demande de pardon quand nous avons violé sa Loi imprimée dans le plus profond de notre être, car nous avons vu que la loi morale se déduit par notre raison de ce qu'est notre nature. Cette adoration suprême, cette reconnaissance et cette prière ou demandes incessantes sont comprises dans un sentiment plus intime et plus élevé et qui les résume parce qu'il en est la source, dans notre amour de Dieu comme Perfection absolue et devant dès lors être par nous aimé de tout notre cœur, de toute notre âme et de toute notre force (*Deut.* VI, 5) ou bien, en transposant la mentalité de l'Ancien Testament dans la nôtre, de tout ce qu'il y a d'intelligence, d'affection et d'activité dans notre être. Cet amour de Dieu par-dessus tout, bien qu'il ne soit vraiment fort en nous que par la grâce surnaturelle, peut cependant être entrevu par la raison, car elle perçoit Dieu comme Perfection suprême et dès lors souverainement aimable. Toutefois ce n'est qu'indirectement, en nous aidant à dominer nos tendances vers la terre, que la grâce surnaturelle fortifie notre amour *naturel* de Dieu, car l'effet *propre* de cette grâce c'est de rendre surnaturel cet amour avec tous les actes qui en procèdent ou qu'il nous inspire: ce qui ne peut se faire sans que le principe producteur de ces actes, qui est nous-mêmes, ne soit lui aussi enrichi et tout imprégné de cette qualité dont saint Paul dit (*I. Cor.* II, 9) que « jamais n'est entré dans le cœur de l'homme [le cœur est la faculté de connaître en style biblique] ce que Dieu a préparé pour ceux qui l'aiment ». Nous avons là le surnaturel véritable dont nous ne pouvons avoir aucune idée ici-bas. Que si la violation de la loi morale ne saurait être inspirée par l'amour de Dieu, il n'en est pas de même de l'humble demande de pardon: la bienveillance est incluse dans la Perfection souveraine, motif de notre amour de Dieu, que cet amour soit naturel ou surnaturel; or c'est cette bienveillance qui inspire au repentir sincère la confiance de demander pardon et lui en donne le courage.

b) Amitié entre Dieu et l'homme.

Nous avons jusqu'ici parlé d'amour envers Dieu, mais non d'amitié avec Dieu, c'est qu'entre amis il y a une certaine égalité; or quand Dieu doit être compté comme faisant nombre parmi les amis, le mot d'Aristote vient à la bouche: on n'est pas ami de Jupiter. Aussi, bien que l'ordre d'aimer Dieu se lise souvent dans l'Ancien Testament et surtout dans le *Deutéronome,* jamais l'homme n'y est dit *ami* de Dieu: dans les endroits, tels que *Sap.* VII, 27; *Jac.* II, 23, etc., où l'homme est dit *philos theou,* le sens n'est pas que l'homme est ami de Dieu, mais chéri de Dieu, sens que d'ailleurs supporte très bien le mot grec *philos.* Il y a bien, si l'on veut, une certaine réciprocité d'amour entre Dieu et nous, mais sans égalité tant en étendue qu'en qualité: l'amour de Dieu envers nous est effectif et prévenant tandis que notre amour envers Dieu n'est qu'affectif et subséquent. Si nous ne sommes jamais appelés *amis* de Dieu dans l'Ancien et le Nouveau Testament, nous sommes nommés maintes fois ses enfants et Dieu se dit souvent notre Père; or l'amour d'un père n'est que bienfaits pour ses enfants, alors que celui des enfants, même les mieux nés, n'est et ne peut être, tant qu'ils ne sont qu'enfants, que simple affection pour les parents. C'est seulement par le Christ et en la personne de ses apôtres que nous sommes appelés amis de Dieu (*Joan.* XV, 14 seqq.). Le Christ en effet en disant à ses apôtres et à nous tous avec eux « vous êtes mes amis », nous a par le fait nommés *amis* de Dieu puisque le Christ est Dieu. Mais puisqu'il est homme aussi et même l'unique Médiateur entre Dieu et les hommes (*I. Tim.* II, 5), il ne nous a élevés à cette hauteur que par l'intermédiaire de son humanité; nous sommes directement les *amis* du Christ-Homme, nous sommes même dits ses frères (*Mat.* XXVIII, 10; *Rom.* VIII, 29); mais ce n'est qu'indirectement et d'une manière impropre que nous pouvons être appelés *amis* du Christ-Dieu, parce qu'alors entre Lui et nous demeure toujours la distance infranchissable de la créature à Dieu.

c) La loi positive.

Si de nos devoirs envers Dieu Père, Fils et Saint-Esprit, nous passons à nos devoirs envers le Christ en tant qu'homme, nous devons d'abord croire qu'il est l'Envoyé divin *définitif,* chargé d'établir sur la terre la religion qui jusqu'à Lui n'était que commencée et qui, s'imposant à tous les hommes selon la connaissance qu'ils en ont, doit durer autant que notre espèce ici-bas. Cette religion ne se trouve en toute sa vérité que dans l'Eglise catholique dont l'autorité et les titres se prouvent pour Elle, comme pour son Fondateur, par les nombreuses prophéties qui les ont annoncés, et par les miracles de tout ordre, tant physique que moral, qui sont pour le Christ-Homme ou Jésus de Nazareth et pour l'Eglise qu'il a fondée un témoignage irrécusable de l'approbation divine. Cette obligation d'entrer dans l'Eglise catholique quand on la connaît, d'en accepter l'enseignement et d'en pratiquer les préceptes constitue ce que nous avons appelé la partie *positive* de la loi morale, opposée à la partie naturelle ou rationnelle de cette même loi. Cette partie positive de la loi ajoute peu à la partie naturelle, s'il ne s'agit que des simples fidèles : en effet, après l'initiation ou Baptême-Confirmation, on ne demande que quelques actes assez espacés, tels que audition de la messe, confession et communion annuelle, etc., tandis que la loi morale *naturelle* ne cesse pas un instant de se dresser devant nous avec ses ordres inflexibles. De plus, les actes exigés par la loi positive du Christ, surtout les Sacrements, nous confèrent, s'ils sont bien accomplis, la grâce avec abondance et donnent à notre vie, ainsi que nous l'avons déjà vu, un mérite digne de la béatitude éternelle : aussi conseille-t-on aux simples fidèles la répétition fréquente de ces actes sanctificateurs, mais sans leur en faire un commandement, tandis que la fréquence des actes susnommés et d'autres actes analogues est imposée aux prêtres et aux religieux : mais on n'est prêtre ou religieux que par un libre choix.

En somme la loi qui s'impose à nous comme êtres de l'ordre moral nous oblige dans chacune de ses parties sans nous contraindre et par suite en nous laissant notre pleine responsabilité : loi sainte dont l'observance donne à notre nature sa véritable perfection, mais dont la transgression déforme horriblement cette même nature.

d) La loi morale naturelle et positive du monde angélique.

Si nous voulons parler de la loi que doivent suivre les êtres du monde moral invisible, nous devrons nous borner à des généralités, parce que les données nous manquent pour entrer dans les détails. Comme la nôtre, cette loi découle nécessairement de la nature de ces êtres, les oblige sans les contraindre et, suivie avec fidélité, les conduit à la pleine perfection de leur nature. Cette loi est donc analogue à la nôtre, sans lui être tout à fait semblable. Pour ce qui est des devoirs de ces êtres envers Dieu, on pourrait, ce semble, répéter ce qui a été dit pour nous dans le même cas. Toutefois, d'après le sentiment de quelques Pères et de beaucoup d'anciens théologiens, la demande de pardon que l'homme pécheur peut toujours adresser à Dieu et qu'il lui adresse souvent et qui est toujours accueillie avec bienveillance, cette demande ne serait pas possible à l'ange une fois tombé et il n'y aurait pour lui que des péchés contre le Saint Esprit, péchés qui semblent rares parmi les hommes et dont il est dit (*Mc.* III, 28-30) qu'il n'y a point de rémission pour eux : la raison en serait que chez les anges le libre choix de la volonté est si ferme que, une fois opéré, il est irrévocable ; dès lors, un seul acte leur mérite le bonheur ou le malheur sans fin, selon qu'il est bon ou mauvais. — Ceci n'est pas impossible, mais pour l'affirmer avec certitude il faudrait des preuves qui s'imposent, et non le dire de quelques Pères, y compris le pseudo-Aréopagite, le tout agrémenté de raisons de convenance qui ne font pas sortir des limites du probable les conclusions énoncées.

La loi morale ordonne à ces êtres supérieurs de ne pas faire du mal à ceux d'entre eux qui leur sont inférieurs, en les entraînant au péché par mauvais conseils ou mauvais exemples, ou bien encore en ne remplissant pas à leur égard les devoirs que leur impose leur charge hiérarchique, puisque l'Écriture semble bien, ainsi qu'on l'a déjà remarqué, admettre parmi les esprits célestes des hiérarchies ou quelque chose qui en approche. Que des anges forts puissent maltraiter physiquement des anges plus faibles, nous ne pouvons ni le nier ni l'affirmer. Le cas de Michel, luttant avec ses anges contre le Dragon et sa troupe, et les précipitant du ciel sur la terre (*Apoc.* XII, 7-9), suggérerait une affirmation si on n'était pas en apocalypse. Dans *Mc.* XI, 16-28, nous sommes devant un démoniaque qui est un véritable épileptique, mais qui ne saurait être guéri, d'après le Sauveur, que par le jeûne et la prière. Ici, on ne peut pas nous dire, comme on est souvent porté à le penser, que nous sommes devant un hystérique guérissable par suggestion, mais nous ne pouvons pas davantage affirmer qu'il soit torturé par un démon réel, car, si les médecins ne savent pas guérir l'épilepsie, un miracle obtenu par le jeûne et la prière pourrait le faire. Ainsi, le texte cité ici de saint Marc ne prouve pas que les démons puissent agir physiquement sur les corps. Mais le fait des porcs jetés dans la mer (*Mc.* V, 11-15) nous permet de l'affirmer.

D'ailleurs, dans le cas de Michel, qui soutenait la cause de Dieu, une force supérieure pouvait être donnée à l'Archange et lui permettre de culbuter le Dragon et sa bande. Une chose est hors de doute, c'est que le plus faible des anges, par le fait qu'il est un être de l'ordre moral, ne saurait être violenté ni même mû efficacement même par l'ange le plus puissant ; il garde toujours sa responsabilité entière, comme nous la gardons nous-mêmes tant que notre cerveau nous permet de penser avec une clarté et une précision suffisante pour établir en nous-mêmes une véritable délibération.

Pour ce qui regarde l'ange en lui-même, la loi morale lui commande, aussi bien qu'à nous, de régler ses instincts. Mais nous ne pouvons nous faire quelque idée des instincts de l'ange que par les instincts les plus élevés de notre raison ; car les instincts de conservation ou nutrition, de reproduction et autres qui tiennent à notre nature sensible ne se trouvent pas dans les anges bienheureux (*Mat.* XXII, 30). Cependant, les fils de Dieu sont certainement les anges dans *Job.* I, 6 ; II, 1, 7 ; or, dans *Gen.* VI, 1, les fils de Dieu se choisissent des femmes parmi les plus belles entre les filles des hommes, et les LXX, traducteurs officiels du Pentateuque en grec, ont rendu *fils de Dieu* par anges (*aggeloi*). Le livre d'Hénoch, datant de l'époque des Macchabées, apocryphe très populaire chez les Juifs et les premiers chrétiens, a pris comme exacte la traduction des LXX et en a bâti une histoire où les détails pullulent : noms des anges passionnés, endroits de la scène sur le Liban, géants nés de ce commerce extraordinaire des anges avec les femmes, etc. ; et, ce qui est plus extraordinaire encore, c'est que des auteurs graves, tels que saint Justin, Tertullien et autres, ont suivi Hénoch, prenant comme lui *Gen.* VI, 1 à la lettre, et cela se faisait avec d'autant plus de confiance que l'autorité de l'Ancien Testament grec était sans égale dans l'Eglise, et que, même nombre de fidèles en regardaient les traducteurs comme inspirés : ceci nous montre combien un peu de *critique* tant de forme que de fond, tant textuelle et historique que rationnelle et théologique, est nécessaire pour la véritable intelligence de la Bible. Pour revenir à notre texte de la *Gen.*, bien que *fils de Dieu* désigne certainement les anges dans *Job*, il s'en suit qu'il peut aussi les désigner dans *Gen.* VI, 1, mais il ne s'en suit pas qu'il les y désigne nécessairement. Cette expression peut désigner des personnages importants, comme c'est le cas dans *Ps.* LXXXII, 6, où les juges sont appelés fils du Très-Haut, appellation équivalente à celle de fils de Dieu : dans *Gen.* VI, 1 seqq. la Bible nous apprend, ce qui s'est répété depuis et risque de se continuer jusqu'à la fin du monde, que la corruption commença par les grands et s'étendit ensuite à toute l'humanité (Noé excepté) que Dieu dut châtier par le déluge. Parmi les instincts supérieurs des anges nous pouvons nommer surtout l'instinct de grandeur qui peut dégénérer en orgueil, en ingratitude, en ambition ou en envie. Les anges, en effet, nous sont représentés dans les Ecritures comme des êtres en général fort élevés. Or, les grands sont portés à mépriser ceux qui sont moindres qu'eux et à se complaire dans leur grandeur comme si rien n'existait qui leur fût au moins égal : là nous avons l'orgueil. L'orgueilleux plein de lui-même oublie qu'il tient tout de plus grand que lui, c'est-à-dire de Dieu ; c'est l'ingratitude, aussi déplaisante au cœur de Dieu que la reconnaissance lui est agréable, ainsi que le marque le Christ dans la parabole des dix lépreux (*Lc.* XVII, 11-19). Les grands veulent toujours grandir et monter plus haut ; c'est l'ambition que nous voyons de nos jours, source de péchés sans nombre parmi les hommes et qui, quoique nous ne puissions rien préciser, ne doit pas être source de vertu parmi les anges. Enfin, l'orgueilleux, en voulant s'élever au-dessus de tous, ne saurait voir sans peine en autrui une perfection supérieure, ni même égale à la sienne; c'est le vice détestable de l'envie : c'est par la jalousie du diable que la mort est entrée dans le monde, la mort de l'âme, ainsi que nous le verrons plus loin (*Sap.* II, 24).

Ce qui vient d'être dit a trait à la loi morale *naturelle* des anges; mais il y a aussi une loi morale *positive* pour eux comme pour nous, puisque, ainsi que nous l'avons déjà vu, le Christ, par son humanité, appartient au monde moral dont il est le centre et la tête et dont, par sa divinité, il dépasse sans limites les ordres même les plus élevés. Ils devaient avoir au moins la foi à l'Incarnation, puisque le Christ est la tête du monde moral tant du ciel que de la terre, c'est-à-dire, comme on l'a déjà vu, tant des anges que des hommes (*Eph.* I, 4) et n'apprendre que plus tard ce qui, dans l'Incarnation, n'intéressait que les hommes; c'est ce que semblent indiquer *Eph.* III, 10, et surtout *I. Petr.* I, 12, d'après la leçon du grec qui doit se traduire « *in quæ desiderant angeli prospicere* » et non comme fait la Vulgate latine « *in quem desiderant... prospicere* ». Les anges ont dû savoir cependant que la nature créée qui devait être élevée aux honneurs de la divinité serait inférieure à la leur. Cette foi à l'Incarnation, même telle qu'on vient de la définir, avait des conséquences pratiques pour les anges pendant qu'ils étaient dans le temps de l'épreuve et non encore dans l'éternité de la Béatitude: ils pouvaient être tentés de jalousie envers l'espèce inférieure d'êtres qui leur était préférée et portés à un moindre respect de la Divinité qui paraissait ainsi s'abaisser. Le peu qui vient d'être dit suffit pour donner une idée vraie, quoique incomplète, de la loi morale qui s'impose au monde angélique. Quelle est la nature des rapports qui existent entre les êtres du monde moral et les lois qui régissent ce monde, c'est ce qu'on va examiner en quelques mots, car la matière est préparée à point.

e) Convenance entre la loi morale et ses sujets.

Les lois du monde moral sont en pleine convenance avec la nature des êtres qu'elles sont appelées à régir. Cela est évident pour la partie *naturelle* de ces lois puisque la raison peut la déduire de la nature de ces êtres. Quant à la partie positive de ces lois, elle se rapporte à l'état surnaturel auquel, ainsi que nous l'avons prouvé, sont élevés tous les êtres du monde moral. Or, la grâce surnaturelle, élevant notre nature à une hauteur qui la met en contact immédiat avec Dieu (*I. Cor.* XIII, 12), satisfait les tendances les plus élevées de cette nature sans se confondre avec elle: ce qui emporte une haute convenance tout en excluant l'identité. Dans cette dernière idée se trouve la solution de la question qui nous occupe. Seule, la loi éternelle, dont les lois naturelles du monde moral ne sont qu'un pâle reflet dans la conscience des êtres de ce monde-là, seule, cette loi est identique avec l'*être* du Suprême Législateur; dès lors, il ne saurait, malgré sa liberté qui se confond avec l'indépendance absolue, dévier de cette loi aussi immuable que son être et qui est norme de son action et la règle que doivent suivre de tout leur pouvoir les êtres doués de libre arbitre: le Créateur lui-même ne peut les en exempter, car pour Lui ce serait se contredire.

De tout ceci il résulte que Dieu seul est impeccable. Toutes les créatures appartenant à l'ordre moral sont en face de la loi morale, dont l'obligation est souveraine et absolue, mais nullement contraignante. La liberté de la créature demeure toujours entière et elle peut ne pas tenir compte de l'ordre qui la presse, sauf à devoir rendre des comptes plus tard. L'être ici considéré a très grande convenance de nature avec la loi morale, mais sans nulle *identité:* en suivant la loi, il se perfectionne; en la violant, il se dégrade, mais ne se détruit pas. Cette transgression ne sera pas nécessaire, elle l'est même si peu que dans l'être moral moyennement développé elle est toujours suivie de remords. Mais l'être que nous considérons se trouve parfois et même trop souvent plus attiré par des biens *créés présents* que par les biens *supérieurs,* mais *éloignés* ou *invisibles* vers lesquels la loi morale nous oblige de tendre: voilà la tentation, il faut un effort plus ou moins grand pour faire son devoir en pareille circonstance, mais un effort dont l'être moral est toujours capable s'il appelle en aide son Créateur qui ne saurait manquer de le secourir. Il nous faut donc conclure que tout être créé, appartenant à l'ordre moral et jouissant de l'usage de toutes ses facultés morales, est *naturellement* peccable, mais si, de fait, il pèche, c'est qu'il le veut bien. Toutefois, ce que nous avons appelé tentation est si fréquent et maintes fois si difficile à vaincre *parmi nous* — nous ignorons ce qu'il en est parmi les anges — que la peccabilité a, ce semble, beaucoup plus d'empire que la non-peccabilité parmi les hommes.

f) **Le monde moral, malgré sa peccabilité, glorifie Dieu.**

A ce propos, on peut se demander, et plus d'un se le demande aujourd'hui, pourquoi Dieu, prévoyant tout ce qui devait arriver, a-t-il créé des êtres dont le plus grand nombre — au moins parmi les hommes — le déshonorent et semblent destinés pratiquement à des peines éternelles. A cela on peut répondre d'abord qu'un homme qui pratique vraiment la vertu et parfois d'une manière héroïque, honore Dieu à lui seul beaucoup plus que des milliers d'autres le déshonorent par leurs vices. Celui-là conserve et même embellit en lui l'*image* de son Créateur (*Gen.* I, 26-27); c'est ce qu'une créature peut faire de mieux, c'est sa meilleure manière d'honorer son suprême Auteur et de réaliser en elle-même la pensée de l'Artiste souverain quand il lança cette créature dans l'être. Les autres dégradent l'image divine en eux-mêmes, mais ils ne font injure qu'à leur indigne personne, car Dieu est trop haut pour que l'injure puisse arriver jusqu'à Lui. S'ils n'usent pas ou même s'ils abusent de ce qui leur a été donné (ceux dont nous parlons sont supposés avoir reçu un minimum suffisant de formation morale) c'est leur faute, mais Dieu n'était pas tenu, pour éviter ce désordre dont en rien il n'est cause, de priver la terre de ce qui est son plus bel ornement, du seul être qui appartienne ici-bas à l'ordre moral: on pourrait raisonner de même pour tous les membres du monde moral, supposé qu'il y ait ou qu'il y ait eu des chutes dans ses différents ordres.

g) Le monde moral humain dans l'au delà.

Dire que la grande majorité des hommes, sans nous occuper du monde moral invisible, a été pratiquement créé pour des peines horribles et sans fin, vu la faiblesse de notre nature et les nombreuses tentations qui nous assaillent, c'est résoudre en bloc une question des plus compliquées. D'abord, l'homme qui meurt avec le seul péché originel mène dans l'au-delà une existence préférable au non-être: c'est ce qu'admettent communément les théologiens catholiques en s'appuyant sur la bonté divine, et le Concile général de Florence leur est favorable, puisque son texte bien compris n'exclut ces âmes que de la béatitude du ciel, où l'on ne saurait entrer si l'on n'est pas né de l'eau et de l'esprit (*Joan.* III, 5). Or, sans parler des enfants morts sans baptême, bon nombre de petites gens dans les nations païennes, surtout si elles sont arriérées en civilisation matérielle, ne commettent que des fautes dites vénielles, à moins qu'ils n'aient à se reprocher des torts sérieux à l'égard de leurs semblables, car la nature dit par elle-même: Ce que tu ne voudrais pas qu'on te fît, ne le fais pas à autrui. Quant à ce qui regarde les devoirs envers soi-même et envers Dieu, pour que l'homme soit responsable, il faut qu'il ait reçu une instruction morale qui manque dans les milieux non chrétiens; trop souvent même, les croyances et les cultes idolâtriques déforment le peu de droiture naturelle de la conscience. Parmi les chrétiens, si le baptême a été suivi d'une instruction religieuse solide, quoique abrégée, beaucoup dans le menu peuple ne heurtent pas gravement le Décalogue dont la pratique est donnée par le Christ lui-même (*Mat.* XIX, 16 sq.) comme condition suffisante de salut. Certes, ces petites gens auront à passer par le Purgatoire, mais là, ils sont dans le vestibule du Paradis. Et ceci est vrai, quoi que à un moindre degré, pour les confessions chrétiennes non catholiques, à cause de la bonne foi dans le menu peuple qui se croit dans la véritable Eglise du Christ et qui d'ailleurs en reçoit tous les sacrements dans le Schisme oriental et généralement le baptême dans les autres confessions chrétiennes : ainsi, toutes ces âmes ont reçu le sceau du Christ, qui, comme le pensaient en général les premiers chrétiens, ne lâche qu'à la dernière extrémité ceux qui se sont donnés à Lui ou lui ont été donnés. Il ne faudrait pas cependant conclure qu'il soit indifférent pour les grands d'instruire les petits de parole et d'exemple. Le fait de l'Incarnation, le plus grand des actes divins, n'a pas, en effet, pour unique but de relever les pécheurs, mais bien plus encore de maintenir les justes et même de les faire marcher vers les sommets de la sainteté.

Ceux-là sont vraiment coupables qui, chargés de la formation morale de leurs semblables, négligent d'accomplir ce devoir important entre tous; sont plus coupables encore ceux qui empêchent cette formation; enfin sont tout à fait coupables ceux qui la remplacent par une formation contraire: ces derniers commettent, ce semble, le péché que l'Ecriture nomme le blasphème contre le Saint-Esprit et dont le Sauveur dit (cf. *Mc.* III, 20-30) qu'il n'aura jamais de rémission.

Ces vrais et grands coupables auront à subir, dans l'au delà, une peine de durée sans fin d'après la foi de l'Eglise et la parole du Christ (*ibid.* 30), peine terrible sans nul doute, mais dont la nature n'est précisée nulle part, ni dans l'Ecriture ni dans les définitions ecclésiastiques. L'Ecriture parle bien de feu, mais d'un feu qui a été préparé pour le diable et ses anges (*Mat.* XXV, 41), et plus bas (*ibid,* 46) on se contente de dire que ceux qui ont été condamnés à ce feu vont au supplice éternel. D'ailleurs, le diable et ses anges sont les *esprits* de malice dont parle saint Paul (*Eph.* VI, 12), et on ne voit pas ce que notre feu matériel pourrait faire contre des esprits: ici, par feu, il ne faut entendre qu'une peine intense et encore sans rien exagérer. Dans Daniel, en effet (XII, 2), il est dit des enfants d'Israël, que ceux qui dorment dans la poussière se lèveront, les uns pour la vie éternelle et les autres pour la réprobation et l'opprobre éternels. D'après ce texte, ce sont des déclassés par leur propre faute et, dès lors, objets de honte et de mépris pour jamais. Au reste, qu'il ne faille pas entendre *feu* au sens naturel de ce mot quand il s'agit du feu des damnés, on en a une preuve très claire dans les paroles du Christ citées par saint Marc (IX, 42-47) et répétées par saint Matthieu quant au sens: là, en effet, on nous parle de ceux qui sont jetés dans la géhenne où est un feu inextinguible et où ne meurent (ou ne cessent) jamais les vers qui les dévorent. Ces vers, ajoutés au feu dont se contente de parler *Mat.* XVIII, 8-9, sont inspirés, sinon tirés, d'Isaïe (LXVI, 24). Dans le Prophète, il est question d'un au delà qui paraît être sur la terre, mais dans saint Marc il s'agit bien de l'au delà qui est dans l'éternité. Or, ni vers, ni vermine ne peuvent subsister dans le feu; aussi a-t-on fait du *ver* le remords ou ver rongeur de la conscience. Mais de quel droit prendre un terme au figuré en entendant l'autre au sens propre? Il faut que ver et feu soient pris au figuré et, dès lors, le feu n'indique ici qu'une douleur vive.

La géhenne ainsi que ses feux et ses vers ne sont que des images ou des comparaisons ; mais comme il en est maintes fois question dans les trois Synoptiques, c'est-à-dire dans les trois Evangiles, qui sont un résumé de la prédication du Christ au peuple, ces images sont de nature à faire pénétrer un peu dans la pensée du Juge souverain : voyons donc ce qu'était la géhenne vers l'époque du Christ. C'était une vallée au sud et à l'est de Jérusalem. Avant l'exil, on y brûlait, dans l'endroit appelé Thopheth, les enfants offerts à Moloch. Après l'exil, les Juifs, guéris de leur penchant à l'idolâtrie, eurent ce lieu en abomination et en firent le champ où Jérusalem jetait ses immondices de toute sorte, voire même les cadavres des criminels suppliciés : des feux y étaient sans cesse allumés pour consumer ces restes immondes dans lesquels grouillaient les vers et dont la puanteur eût bientôt infecté l'air... On n'a que des hypothèses sur la signification du nom de la sinistre vallée en hébreu, mais cela n'intéresse en rien notre sujet. En tout cas, le seul fait d'être enfermé dans l'affreuse vallée, sans espoir d'en jamais sortir, est un déclassement au moins aussi bas que celui que nous avons vu dans *Dan.* XII, 2 ; mais, de plus, il y a d'être suffoqué par les mauvaises odeurs, dévoré par la vermine et souvent atteint par le feu : ajoutez la compagnie inévitable de gens qui se méprisent profondément et ne cessent de s'injurier, et cet état épouvantable doit être aussi stable que l'immobile éternité. Cette image est peut-être au-dessous de la réalité des tourments physiques et moraux qui attendent les grands coupables dans l'autre monde ; mais en serait-elle la mesure exacte, que ces châtiments n'en demeureraient pas moins terribles, surtout à cause de leur durée sans fin : c'est l'inconsolable désespoir. Notre manière d'entendre la *nature* des peines éternelles, en nous fondant sur ce qu'était la géhenne ou vallée des fils d'Hinnon depuis le retour de l'exil, est suggérée et jusqu'à un certain point confirmée par ce que l'Ancien Testament dit du séjour des morts. C'est un lieu de désordre, de ténèbres, de misère et où l'on n'est pas certain de trouver le repos (*Job.* X, 21-22 ; XVII, 14-16). Bons et méchants y sont pêle-mêle, même encore pour le Siracide qui a écrit vers 180 avant Jésus-Christ (*Eccli.* XIV, 16). La séparation ne commence qu'avec Daniel, vers 165 avant Jésus-Christ (XII, 2). S'il n'y a pas de plaisir, d'après le Siracide (*loc. cit.*), on ne parle nulle part des tourments proprement dits, surtout de celui du feu ; bien plus, dans *Isaïe* XIV, 9 sq., les rois des nations y sont sur leurs trônes, sans avoir l'air d'être trop mal à leur aise. Enfin, lorsque, au Ier siècle avant Jésus-Christ, la Sagesse fait un triage définitif parmi les morts et met les justes dans la main de Dieu (*Sap.* III, 1), et à l'abri des tourments, parmi ceux qui sont laissés dans l'ancien séjour des morts, seuls les puissants seront puissamment tourmentés, car les petits seront susceptibles de pardon (*Sap.* VI, 6). Mais, il n'est jamais question de feu dans ces tourments : ce sont les éléments naturels, foudre, grêle, inondations, tempêtes, qui serviront la colère du Très-Haut contre les impies ; seuls les puissants, les conducteurs des peuples, parce qu'ils n'auront pas marché selon la volonté du Seigneur, seront mis à la question.

h) Pourquoi le monde moral n'est-il pas impeccable ?

Comme Dieu peut, par sa toute-puissance, mouvoir les volontés créées, sans gêner en rien leur liberté et, par suite, en leur laissant leur entière responsabilité, certains esprits pourront se demander pourquoi les êtres du monde moral n'ont-ils pas été créés d'une manière qui les eût laissés capables de mérites et incapables de chutes. La Vierge, mère du Christ, a été créée, en effet, et a vécu dans cet état, assurée de l'éternelle béatitude, même durant sa vie mortelle, alors que cette certitude n'a lieu, pour nous, qu'après la mort. Cet état de la Vierge était un privilège absolument gratuit dont elle seule a joui, mais qui est justifié par le rôle qu'elle était *seule* appelée à jouer dans le plus grand de tous les faits divins, dans le fait de l'Incarnation. Un pareil privilège ne pourrait se justifier pour aucune autre créature; or, un privilège est une loi particulière et un monde qui ne serait régi que par des lois générales que chacun s'applique et observe comme l'exigent les circonstances, paraît être un monde meilleur: dans un tel monde, l'impeccabilité *de droit* n'existe jamais, mais l'impeccabilité *de fait* ou mieux la non-peccabilité peut exister et elle existe plus souvent qu'on ne pense, même dans notre monde moral humain, surtout si l'on ne tient pas compte des péchés dits *véniels,* qui, pour l'Ecriture, ne sont pas péchés proprement dits, mais seulement imperfection. En définitive, c'est la crainte du travail requis pour la pratique de la vertu qui fait désirer l'impeccabilité, et l'on oublie que la Vierge impeccable, quoique simple créature, et le Christ impeccable, en tant qu'homme, ont plus peiné et souffert pour la pratique du bien qu'aucune autre créature parmi les plus saintes. En somme, le monde moral, tant visible qu'invisible, est une œuvre digne du Créateur, même dans chacun de ses membres, car chacun d'eux, fait à l'image de son sublime Auteur, doit conserver et même embellir cette image, ce qui est accomplir l'œuvre la plus grande dont une créature soit capable. Pour ce noble but, la bonne volonté de l'être d'ordre moral suffit le plus souvent. Si, de temps à autre, il faut un effort, cet effort n'est pas au-dessus du pouvoir de l'être ici considéré. Les circonstances sont rares où l'être d'ordre moral est obligé, pour ne pas trahir le devoir, de subir des tourments qui vont parfois jusqu'à la mort elle-même, mais alors Dieu invoqué et toujours présent à la pensée donne la force de sortir vainqueur du combat. Cependant, non seulement l'être d'ordre moral peut tomber, ce qui tient à sa nature d'être créé, mais de fait il tombe comme nous ne le voyons que trop de nos propres yeux et comme nous l'apprenons par l'histoire ou la révélation, suivant qu'il s'agit du monde moral visible ou invisible: disons un mot de ces chutes.

DEUXIÈME PARTIE

I. — Chutes dans le Monde moral : nature, causes et effets.

a) Chute, soit réelle soit apparente, dans le monde moral visible.

Qu'il y ait des chutes dans le monde moral visible auquel nous appartenons, il est inutile d'en donner des preuves; il suffit d'ouvrir les yeux pour qu'elles apparaissent accablantes par leur seul nombre. Toutefois, comme le péché ne se consomme que dans la conscience — laquelle est invisible pour nous en autrui — un acte peut nous apparaître gravement peccamineux qui ne l'est pas devant Dieu pour qui rien n'est caché. La loi morale, quoique absolue en elle-même, n'oblige cependant que selon la mesure de la connaissance qu'on en a: ainsi les païens tenaient pour inconvenance, mais non pour faute, les rapports avec une femme libre, tandis que si elle était mariée, c'était l'adultère défendu et puni par les lois. Or, le Christ défend la fornication aussi bien que l'adultère, parce que, quoique d'inégale gravité, ces deux actions souillent l'âme (*Mat.* XV, 19) et la droite raison marche avec le Christ, parce que s'il est défendu de violer la justice par l'adultère, il n'est pas permis à l'homme d'user de ses organes de reproduction uniquement en vue du plaisir. Dans l'ancien peuple de Dieu lui-même, nous voyons la polygamie pratiquée par des personnages dont la vie est louée dans la Bible, tels que les grands patriarches Abraham et Jacob, des rois saints comme David et autres pieux Israëlites de moindre rang social. Tous devaient connaître que l'Humanité avait commencé par un seul couple, ainsi que l'indique chacun des deux récits de la création (*Gen.* I. 11). Il est vrai, c'était pour obtenir une nombreuse descendance que ces saints personnages étaient polygames, mais un couple unique avait bien suffi, d'après la Bible, pour produire l'immense famille humaine. En réalité, comme nous le montre le Code d'Hammourabi datant d'environ 2.000 ans avant Jésus-Christ et suivi même dans la Syrie, les lois acceptaient couramment la polygamie et même le divorce; beaucoup plus malfaisant pour la famille que la polygamie ; or, le divorce fut toléré en Israël jusqu'à l'époque du Christ qui (*Mc.* X, 2-13) ramena, avec autorité souveraine, le mariage à son institution primitive, la monogamie indissoluble : ces mots : « Ce que Dieu a uni, que l'homme ne le sépare pas », condamnent toutes les lois, quelque puissants qu'en soient les auteurs, qui permettent le divorce et déclarent légitime le mariage qui peut venir après. Ces considérations un peu longues nous montrent qu'il est difficile en général de constater et surtout de mesurer la culpabilité *vraie* ou interne de chacun de nos semblables pris en particulier, mais elles n'en laissent pas moins subsister le fait de la déchéance de notre espèce dans un nombre considérable de ses représentants. Voyons maintenant si le monde moral invisible est demeuré intact ou s'il a subi aussi des défaillances. La révélation surnaturelle seule peut être ici notre guide.

b) Chute dans le monde angélique.

Qu'il y ait eu des chutes dans le monde moral invisible, c'est incontestable : la parole du Christ est claire et décisive en cette matière : il y a des anges qui voient toujours la face du Père dans le ciel et il y a un feu inextinguible préparé pour le diable et pour ses anges (*Mat.* XVIII, 10; XXV, 41). Nous avons déjà vu (*Dan.* VII, 10) combien sont nombreux les anges demeurés fidèles à leur devoir et accomplissant les ordres divins ou se tenant debout autour du trône de l'Eternel. Le nombre des anges tombés paraît moindre, puisque le grand Dragon, qui est le Diable et Satan ou le Méchant, n'entraîna avec sa queue que le tiers des étoiles du ciel et les jeta sur la terre : qu'il s'agisse ici du diable et de ses anges, il n'y a aucun doute d'après ce qui suit peu après (cf. *Apoc.* XII, 3-4, 7-9) où l'on dépeint Michel à la tête des anges fidèles chassant du ciel le Dragon et sa troupe rebelle et les précipitant sur la terre. Le genre apocalyptique de Daniel et du livre de saint Jean ne nous permet pas de prendre les détails à la lettre et surtout les nombres, bien que nous ayons déjà prouvé qu'ils n'ont rien d'excessif. Mais ce que le Voyant de Patmos dans ce chapitre XII de son Apocalypse nous dit du zèle des bons anges pour la gloire de Dieu et surtout de la malice des mauvais anges et de leur haine jalouse envers les fidèles qui combattent encore dans le lieu d'épreuve ne saurait faire le moindre doute, car cela se trouve dans maints autres endroits du Nouveau Testament qui n'ont rien d'apocalyptique. Ainsi Satan va jusqu'à tenter le Christ lui-même, mais seulement de dehors et évidemment sans succès (*Mc.* I, 13) et saint Paul (*Eph.* VI, 12) nous avertit que nous n'avons pas à lutter seulement contre la chair et le sang, c'est-à-dire contre nos propres séductions et celles de nos semblables, mais contre les esprits de malice qui circulent dans l'air et même (*I. Petr.* V, 8) rôdent autour de nous pleins de rage, cherchant quelqu'un à dévorer.

Il y a donc eu chute et déchéance dans le monde moral tout entier: la chute est évidemment d'ordre moral; le mal n'a pas atteint tous les membres, la majorité semble avoir été intacte dans le monde angélique; dans le nôtre la question est plus complexe; on en a déjà dit un mot qui empêchât de juger d'après les dehors, mais il y aura lieu d'y revenir plus loin. Bien que la majorité des esprits invisibles soit demeurée ferme, il y a eu des chutes non seulement dans les ordres inférieurs, tels que ceux des simples anges et des archanges, — ce que paraît avoir été Satan avant sa chute, — mais encore dans les ordres plus élevés: ainsi saint Paul nomme les Principes et les Puissances parmi les *bons* esprits célestes en un endroit (*Eph.* I, 21; *Col.* I, 16), tandis qu'ailleurs (*Eph.* VI, 12) il les place parmi les esprits *pervers.* C'est ainsi que sur la terre nous avons dans l'Eglise les pasteurs et les fidèles et parmi ceux-ci les Ordres religieux non clercs et les simples fidèles, et cependant il y a eu des chutes même chez les pasteurs et les religieux et généralement plus désastreuses que celles des simples fidèles. Il y a eu, il y a encore et il y aura vraisemblablement toujours des chutes dans toutes les catégories des membres de l'Eglise du Christ tant qu'elle combattra sur la terre. Y a-t-il eu des chutes dans tous les ordres des esprits célestes, nous l'ignorons, l'Ecriture étant muette sur ce point: la chose est possible et même elle serait réelle, ce semble, si Satan, qui lutte contre Michel (*Apoc.* XII, 7-9), est le chef des esprits rebelles comme Michel paraît bien être le Prince de toute la milice céleste.

c) Cause générale de la chute dans le monde moral.

Après avoir constaté l'existence et jusqu'à un certain point aussi l'étendue de la chute dans le monde moral, voyons maintenant quelle en est la cause. Nous avons déjà dit qu'elle est d'ordre moral, et la constatation qu'il y a des esprits mauvais et des hommes mauvais ne laisse aucun doute là-dessus. La cause de la chute est donc une faute, sinon plusieurs: il y a en effet telle faute, le blasphème contre le Saint-Esprit (*Mc.* III, 28-30), qui n'a pas de rémission, non à cause d'elle-même, mais parce que le coupable est dans un état moral si bas qu'il lui est *pratiquement* impossible de s'humilier devant Dieu et de lui demander pardon; on ne descend pas si bas par une seule faute, au moins parmi les hommes. Beaucoup de théologiens ont pensé et peut-être pensent encore, à la suite du Pseudo Aréopagite, que tous les péchés dans le monde des esprits sont des blasphèmes contre le Saint-Esprit ou l'équivalent de ce péché et dès lors une seule faute eût été cause de ruine irréparable pour l'esprit qui l'aurait commis. Cette façon de voir n'affirme pas des impossibilités, mais elle est étayée par des preuves un peu chancelantes; au reste nous aurons à y revenir bientôt.

d) Chute de l'espèce humaine.

D'après la Bible, au moins telle qu'on l'entend communément, notre espèce tout entière est tombée avec et dans le premier couple par lequel elle a commencé. La faute qui causa la déchéance du couple primitif et de son immense descendance, qui ne paraît pas près de finir, ce fut la manducation, contre la défense que Dieu en avait faite (*Gen.* II, 16-17), d'un fruit mystérieux. Evidemment la manducation d'un fruit est chose indifférente au point de vue moral; on allègue parfois que la défense divine rendait grave une matière qui était légère de par sa nature; on oublie seulement une chose et cette chose compte: c'est que Dieu ne peut pas déraisonner. Quand nous parlerons à fond de la chute de notre espèce, il faudra revenir sur ce fruit, qui est bien quelque peu mystérieux. Il y a cependant un point clair sur ce qui détermina le couple primitif à toucher au fruit défendu, c'est l'orgueil, la croyance de devenir par là comme Dieu ou comme des dieux (*Gen.* III, 4-7). Nous en resterons là, remettant à plus tard ce qui regarde l'homme et passant à ce qui a trait aux esprits célestes.

e) Cause de la chute des anges.

Les anges, à quelque Ordre qu'ils appartiennent, n'ont pu tomber que pendant la durée de leur épreuve, tant qu'ils ne jouissaient pas encore de la présence immédiate de la Divinité. Nous l'avons déjà vu, c'est vers l'orgueil et la jalousie que vont les tendances déréglées de la nature angélique. Dans leur orgueil, les anges tombés ont-ils été jusqu'à se croire égaux à Dieu? C'est difficile à accepter, car on ne voit pas pareille aberration parmi les hommes, quoiqu'ils soient bien moins intelligents que les anges. Le nom de Michel, tel qu'il est écrit dans *Daniel* (X, 13), signifie: qui est comme Dieu? Si du nom de ce Prince de la milice céleste, luttant à la tête des anges fidèles contre Satan et les anges rebelles, on voulait conclure que ces derniers ont voulu s'égaler à Dieu, la conclusion ainsi tirée pourrait bien n'être pas contenue dans les prémisses. Il est plus probable que le péché des anges a été de se croire supérieurs à tout, se suffisant à eux-mêmes et ne songeant pas à *adorer* et *remercier* leur Créateur. On dit parfois que le péché des anges déchus a été le refus d'adorer le Christ en tant qu'homme. Mais il aurait fallu qu'ils connussent l'Incarnation du Verbe divin avant sa réalisation, et on comprend que l'orgueil les eût alors portés à ce refus; or ce mystère a été caché en Dieu depuis les siècles, c'est-à-dire depuis la création (*Eph.* III, 9-10; *Col.* I, 27-27). Les anges fidèles ont pu, après leur admission dans la Béatitude, connaître l'Incarnation avant qu'elle fût réalisée. Ils n'ont même pu l'ignorer, vu les prophéties qui en Israël annonçaient le Christ avant sa venue; mais leur connaissance n'entrait pas dans les détails et n'allait pas plus loin, ce semble, que les prophéties bibliques: aussi l'Eglise du Christ devait-elle révéler par son existence la pluriforme sagesse de Dieu aux Principautés et aux Puissances angéliques (*Eph.* III, 10) et saint Pierre ajoute (*I. Petr.* I, 12) que les anges désirent voir — d'après l'original grec — ce qui a été appris aux fidèles par l'Evangile et leur a été octroyé par l'envoi du Saint-Esprit. Après avoir en partie vu et en partie remis à voir plus tard qu'elle a été la cause des chutes dans le monde moral, voyons quels sont les effets de ces chutes, car ils durent encore et dureront à jamais dans les anges tombés, et il en est de même pour ceux de nos semblables qui sont déjà dans la géhenne.

Comme les anges ne se propagent pas par générations successives à la manière des hommes, chaque ange en tombant n'a péché que pour lui-même et non pour sa descendance, puisqu'il n'en a pas (*Lc.* XX, 34-36). Les anges supérieurs en nature ou en dignité ont pu par leurs mauvais exemples ou leurs conseils pervers entraîner des anges moindres, de même que les bons exemples et les sages conseils d'anges supérieurs ont pu retenir des anges moindres dans le devoir: il se passe quelque chose d'analogue parmi les hommes à propos d'édification ou de scandale. Toutefois l'ange supérieur, quelle que soit la cause de sa supériorité, ne saurait violenter, c'est-à-dire faire vouloir *directement*, l'ange même le plus faible: les êtres du monde moral gardent toujours entière leur liberté d'être moral; les circonstances, y compris les autres êtres d'ordre moral, peuvent en gêner l'exercice, mais sur la liberté — le libre arbitre — Dieu seul a pouvoir, et Il n'use de ce pouvoir, cela va sans dire, que pour nous porter librement vers le *bien*. Nous l'avons déjà remarqué, on veut que pour l'ange la première faute soit cause d'une ruine irréparable pour son auteur; mais cette manière de voir ne s'impose pas. Elle est basée sur la psychologie des Grecs de la belle époque, pour lesquels l'*intelligence* était tout et la *volonté* n'en était qu'une simple conséquence d'importance secondaire: être savant c'était être vertueux. Cette psychologie n'est pas même acceptable pour l'homme, chez qui la volonté domine tout; or on l'a transportée aux anges, qui comprendraient *in instanti* les choses tant théoriques que pratiques et dans ces dernières la détermination ou choix suivrait immédiatement la connaissance, si même elle ne se confondait pas avec elle. Pour accepter cette affirmation il faudrait des données précises de l'Ecriture. Or la Bible se contente de dire que des anges sont tombés et en assez grand nombre, mais elle est muette sur le mode de la chute et peu claire sur la nature du péché qui en fut cause: y eût-il un ou plusieurs péchés pour cela? l'Ecriture n'en dit rien, ne soyons pas plus savant qu'elle; d'ailleurs ceci n'a pour nous aucune utilité pratique. Là où cette utilité existe, la Bible est loin d'être muette, surtout dans le Nouveau Testament, sur les anges tombés. Même dans l'Ancien Testament, Satan, le méchant par excellence et le chef des esprits pervers, pousse David à pécher par orgueil en faisant dénombrer Israël (*I. Chron.* XXI, 1 seqq.) et il obtient de Dieu de frapper Job pour le porter à l'impatience, tandis que Dieu sait que le contraire arrivera (*Job.* I, 11). Mais c'est le Nouveau Testament qui nous montre les anges tombés, esprits pervers ou démons, acharnés à porter les hommes au mal; ici les citations seraient trop nombreuses pour qu'on puisse essayer de les donner. On dira peut-être, et parfois ce pourrait être fondé, que l'Ecriture attribue aux démons ce qui dans les tentations n'est que l'effet de notre concupiscence charnelle, comme les maladies, suites de notre nature périssable, y sont attribuées aux esprits pervers. Mais nous avons déjà donné une preuve que tous les démoniaques évangéliques n'étaient pas des hystériques, et qu'il y avait parmi eux de réels possédés (1). Il en est de même pour les tentations: il y en a qui sont vraiment diaboliques, n'aurait-on pour preuve que les tentations essayées par Satan sur le Sauveur dans le désert, tentations purement extérieures à cause de l'impeccabilité absolue du Christ, tandis qu'en nous les suggestions de Satan trouvent correspondance dans notre nature peccable. Cet acharnement des anges tombés à porter les hommes au mal ou, ce qui est identique, à les détourner du bien et du salut éternel, est l'équivalent de ce que le Christ appelle blasphème contre le Saint-Esprit et dont il dit qu'il n'aura jamais de pardon (*Mc.* III, 29). Dans tout ce passage en effet (*ibid.* 29-30), les guérisons nombreuses et extraordinaires opérées par le Christ comme Envoyé de Dieu étaient par les Pharisiens attribuées au Christ comme agent de Beelzeboul ou de Satan: il ne fallait donc pas aller à Jésus comme homme de Dieu, mais s'éloigner de lui comme homme du diable: la suite naturelle de cette façon de parler des Pharisiens devant le peuple c'était de le détacher du Christ et par là même de la voie du salut. Ceux de nos semblables — et ils sont si nombreux aujourd'hui — qui ne travaillent qu'à chasser le Sauveur du milieu social, meurent tous dans l'impénitence finale; s'il y a parfois une très rare conversion, ce n'est que chez des agents de seconde main dont la bonne foi avait été surprise.

(1) Le possédé dont les démons jetèrent les porcs dans la mer était un vrai possédé et non un hystérique (*Mc.* V, 11-15).

f) Cause de la chute des hommes.

L'humanité est tombée dans ses premiers représentants, qu'elle n'ait commencé que par un seul couple, comme la Bible semble le dire, ou qu'elle ait commencé par plusieurs, ainsi que la Bible ne défend pas de le dire, ce qui sera expliqué plus tard en son lieu. Le péché personnel du couple ou des couples primitifs serait passé jusqu'ici à toute leur descendance et ne cesserait d'y passer tant qu'il y aurait des hommes sur la terre: nous portons en naissant un péché que nous n'avons ni commis ni même pu commettre et dont nous sommes cependant coupables; c'est ce qu'on appelle depuis longtemps le péché originel. Cette question sera examinée avec ampleur vers la fin de ce travail. Il faut dire que l'Ancien Testament parle du premier péché commis par l'homme sur la terre, mais ne dit rien de sa transmission aux descendants; il faut arriver à saint Paul (*Rom.* V, 11-21) pour trouver cette idée et encore ce n'est, ce semble, qu'en forçant le texte. Ce n'est que vers la fin du IIe siècle qu'on a des auteurs, tels que saint Irénée, nous faisant tous pécher en Adam, et d'autres tels que Tertullien, nous faisant tirer d'Adam toute la corruption ou tendance de notre nature vers le péché. Cette divergence — car autre chose est le péché et autre chose est la tendance au péché, — cette divergence, disions-nous, se maintint en Occident jusqu'à saint Augustin, après lequel la notion de péché, dérivé d'Adam en nous, devint générale chez les Latins, tandis que les Pères grecs dans leur ensemble ont à peine parlé de péché d'origine, alors qu'ils ont très bien connu la déchéance originelle de notre espèce. Un point sur lequel il y a eu toujours unanimité parce que c'était la pratique universelle de l'Eglise, c'est que les enfants, morts sans avoir été baptisés, n'étaient pas admis au ciel, sans être cependant soumis à des peines dans l'au delà: c'était dire qu'ils n'avaient pas de péché; de là le mot de Tertullien à propos des enfants qu'on baptisait tout jeunes, hors du danger de mort, avant qu'ils eussent l'âge de comprendre ce qu'on leur faisait: *Quid festinat ad remissionem peccatorum innocens ætas?* (*de Baptismo,* XVIII). Il est question ici de la rémission des péchés par le Baptême, ce qui pour Tertullien ne se vérifiait que chez les adultes, car il n'aurait pas pu parler d'âge innocent, s'il avait cru que les enfants eussent un péché réel dans l'âme. La persuasion générale avant saint Augustin, ou plutôt avant que saint Augustin eût à combattre les Pélagiens, était celle que nous avons aujourd'hui: les êtres humains qui meurent sans péchés personnels et sans Baptême *aucun,* ne sont point admis à la Béatitude du ciel, mais résident dans le lieu que nous nommons les Limbes et y mènent une vie préférable à la non-existence. Mais assez sur cette matière, dont l'étude complète, ainsi qu'on l'a dit, est remise à plus tard.

g) Effets du péché.

Outre la transgression de la Loi morale dont il y aura à rendre compte devant Dieu, le péché laisse en nous des tares qui déforment et affaiblissent notre nature, surtout dans l'ordre moral: nous devenons plus faibles pour accomplir le bien et plus enclins à faire le mal. C'est une triste conséquence de tout péché commis, mais surtout du péché de la chair, qui paraît être le premier péché commis sur la terre, ainsi que nous aurons à le voir en son lieu. Chez les anges, purs esprits, le mal peut se propager seulement par l'entraînement de l'exemple ou la persuasion du conseil. Outre ce mode de propagation, qui ne se constate que trop parmi les hommes et qui a beaucoup plus de puissance pour le mal que pour le bien, il en est un autre propre à notre espèce: c'est la loi d'hérédité, en vertu de laquelle les qualités et les défauts — mais surtout les défauts — des parents se transmettent aux enfants d'une façon quasi nécessaire et dès lors presque immanquable. Ajoutons que si les parents vertueux peuvent par une bonne éducation corriger jusqu'à un certain point les tares, parfois ancestrales, de leurs enfants, chez les parents vicieux ces tares des enfants, mal éduqués ou nullement éduqués, se développent d'ordinaire avec une facilité et une rapidité effrayantes. Sous l'action de pareils agents le milieu social humain se corrompt très vite et les âmes ordinaires, c'est-à-dire les multitudes, qui sont obligées d'y vivre, se corrompent avec lui et en augmentent même la corruption. De la vérité de cette affirmation nous avons des preuves certaines par ce que nous connaissons des milieux païens, tant à l'aide de l'histoire pour les temps anciens qu'à l'aide des récits de voyages pour les temps actuels; ici les récits des missionnaires sont des sources de première valeur à cause du long séjour de leurs auteurs parmi les peuples infidèles. Comme nous l'avons déjà remarqué, dans le menu peuple il y a eu, il y a encore bien des gens qui, privés de formation morale et de connaissance religieuse, mais réellement bons envers leurs semblables, ont leur place dans les Limbes, sinon quelquefois plus haut. Mais parmi les grands et même seulement dans les classes élevées, c'est la luxure, souvent avec vices contre nature et plus souvent encore avec débauche effrénée quand la santé et les ressources le permettent. Or pour avoir des ressources, les forts exploitent les petits et les faibles jusqu'à exercer sur eux l'empire que la nature nous permet seulement sur les animaux et autres êtres inférieurs: de là l'esclavage, cette plaie honteuse de presque tous les peuples païens, laquelle apparaît vite, mais en se déguisant un peu, chez les peuples dont le christianisme n'a guère atteint que l'épiderme; on pourrait citer comme exemple la Russie des tzars. On voit qu'il n'est pas nécessaire de recourir au péché originel pour expliquer l'étendue et la profondeur du mal moral parmi les hommes, et il n'est pas permis de dire que sans la faute commise dans le jardin d'Eden, l'humanité eût été impeccable : la chute d'anges nombreux, plus parfaits que nous en nature, nous montre clair comme le jour qu'il faut chercher ailleurs que dans le péché d'Adam la cause du mal moral dans notre monde : cette cause est la même partout, et chez les anges et chez les hommes, elle tient à la nature des êtres du monde moral. Et on peut dire que, au lieu de se conserver en fort grande partie, ce monde si beau, puisqu'il est fait à l'image de son Auteur, mais d'autre part si délicat, se serait perdu totalement ou à peu près si son sublime Auteur n'avait mis dans ce monde même une source inépuisable de force, capable de maintenir et même d'affermir durant le temps de l'épreuve les bonnes volontés chancelantes, et assez puissante pour relever de leur chute les volontés qui la déplorent et ne demandent qu'à en être relevées : ce remède efficace, notre sujet nous amène maintenant à l'étudier.

II. — La Rédemption par le Christ, sa puissance, son étendue.

a) Conditions requises pour mériter.

Nous avons vu que le Christ fait, en sa qualité d'homme, partie du monde moral, mais que, en sa qualité d'Homme-Dieu, il en est la Tête et le Centre et que, comme Dieu — Fils éternel du Père — il est en dehors et au-dessus, ou plutôt il pénètre et enveloppe le monde moral tout entier. Nous n'avons donc pas à considérer ici le Sauveur comme Dieu, mais seulement comme Homme-Dieu.

b) Mérites du Christ : double grandeur du Christ.

Le Christ-Dieu ne peut pas mériter, car le mérite est un droit à un bien ou à une perfection qu'on n'a pas ; or Dieu, qui est l'Infini en perfection, ni ne manque ni ne peut manquer de quoi que ce soit. Mais le Christ-Homme peut mériter par son humanité ; car quelque grande et parfaite que soit cette humanité, elle est une réalité créée et par suite finie et dès lors toujours capable d'acquérir. Certes la nature humaine du Sauveur ne peut pas monter plus haut *en dignité*, puisqu'elle participe à la dignité de la Personne divine qui se l'est *appro-*

priée et en a fait une partie intégrante, mais en rien nécessaire, d'Elle-même. C'est cette incommensurable dignité qui confère aux actions librement accomplies de la nature humaine du Christ une valeur incommensurable aux yeux mêmes de la Divinité. Saint Paul exprime cette vérité en langage magnifique, quand (*Phil.* II, 6-11) il dit du Christ : bien qu'Il eût la forme — ce qui signifie ici *nature*, comme faisant pendant à la forme d'esclave qui va suivre — de Dieu, Il n'a pas voulu s'égaler à Dieu, mais Il s'est (comme) rendu vide (de sa divinité) en prenant la forme d'esclave et en n'apparaissant que comme homme. Il s'est humilié en obéissant (au Père) jusqu'à la mort, la mort de la Croix. Aussi Dieu (le Père) l'a-t-il exalté — comme homme, car Il ne peut rien recevoir comme Dieu — et lui a-t-il donné le Nom qui est au-dessus de tout nom — le nom de *Iàhvéh*, comme on va en trouver la preuve bientôt, — afin qu'au nom de Jésus tout genou fléchisse parmi les êtres célestes, terrestres et souterrains — ceux-ci sont les habitants de l'enfer, — et que toute langue confesse que Jésus-Christ est *Seigneur* dans la gloire du Père. Seigneur équivaut ici à Iahvéh, car à l'époque des LXX un respect un peu puéril remplaçait dans la lecture de la Bible le nom de Iahvéh par celui d'*Adonai*, que traduit exactement le grec *Kurios*. Que si on traduisait : le Seigneur Jésus-Christ est dans la gloire etc., ce serait un vrai contresens ; pour que cette traduction fût permise, il faudrait que Kurios fût précédé de l'article : alors il serait sujet, tandis que sans article il n'est qu'attribut. Quant à l'expression « afin qu'au nom de Jésus tout genou fléchisse », il faut se souvenir de Paul, qui se disant peu habile en grec (*II. Cor.* XI, 6) avoue avoir reçu une éducation biblique soignée (*Act.* XXII, 3). Or l'hébreu *Schem* signifie presque aussi bien *titre* que nom appellatif : Dieu nous sauve par son nom (*Ps.* Liv. 3). C'est donc moins par son nom de Jésus, nullement rare chez les Juifs, que par le titre de Iahvéh lui appartenant réellement que le Christ-Jésus est *dans la gloire du Père*, en suivant la *Vulgate* latine, et non *à la gloire du Père*, en suivant la plupart des versions modernes ; or, le nom ou titre au-dessus de tout nom ne peut être que le nom de Iahvéh ou de Kurios en grec des LXX, suivi toujours, peut-on dire, par le Nouveau Testament. Donc, s'il s'agit de Jésus en tant que Dieu il n'est pas seulement dans la gloire du Père, mais dans le sein même du Père (*Joan* I, 18). Remarquer que l'accusatif *eis ton kolpon*, t. p. *Joan* I, 18, légitime grammaticalement notre intelligence de *Phil.* II, 6-11 ; s'il s'agit du Christ en tant qu'homme, le titre de Iahvéh doit lui être attribué d'après Paul, et la raison en est que son humanité est, comme on l'a déjà dit, partie intégrante d'une personne divine dont elle partage la gloire ; or si la gloire ici partagée est la gloire du Fils, cette gloire ne fait qu'un avec celle du Père. Au reste, le Christ lui-même nous dit (*Mat.* XVI, 27) que le Fils de l'homme viendra dans la gloire du Père rendre à chacun selon ses œuvres.

c) Trésor du Christ.

De ce passage remarquable, dont notre petit commentaire a fait ressortir toute la richesse, il résulte que l'Homme-Dieu a mérité, par sa mort volontaire, en obéissant comme homme (il ne pouvait le faire en tant que Dieu) aux ordres du Père d'être élevé à la *dignité* de Dieu, dignité qu'il possédait déjà par le fait de l'Incarnation. Cette dignité accordée par le Père à l'obéissance du Christ, mesure le mérite de cette obéissance, mérite infini comme la dignité qui en est la récompense. Par le fait de l'Incarnation, le Christ avait, même comme homme, un droit et un *droit* rigoureux aux honneurs divins; ce droit était fondé sur la dignité de la personne du Fils éternel de Dieu, personne dont l'humanité du Sauveur était et demeure partie intégrante au sens déjà expliqué plus haut. Le Christ-Homme ne pouvait donc pas dépasser en grandeur ce qu'il tenait de l'Incarnation. Or, d'après le beau texte de saint Paul, son obéissance aux ordres du Père lui méritait relativement aux honneurs divins des droits identiques à ceux que lui avait déjà conférés l'Incarnation. Ces droits supposaient des *mérites* infinis dont le Christ n'a que faire pour lui, mais ce n'en est pas moins dans les mains du Christ-Homme un trésor inépuisable de dons divins dont il peut disposer en faveur de ceux qui en ont besoin.

Or, le Christ-Homme fait partie du monde moral, dont il est le Centre et la Tête comme Homme-Dieu. La richesse, la variété et l'étendue de ces dons se résume dans le nom de *Grâce*, don ineffable, qui nous établit dans l'état de surnature, nous donne la force de nous y maintenir et même de nous y replacer si nous en étions sortis par une de ces fautes qui ne supposent pas la volonté ancrée dans le mal. Donc le monde moral possède en lui-même par le Christ, qui en est le membre principal et hors de pair, un trésor inépuisable de moyens tout-puissants pour se maintenir, se fortifier, prévenir ses ruines et même les réparer. Il faut cependant que le Christ, qui peut être Rédempteur dans le monde moral, veuille l'être réellement. Or, qu'il l'ait voulu, on ne saurait en douter, car si l'Homme-Dieu est à la fois la Tête et le Centre ou, si l'on veut, le Cœur du monde moral tout entier, anges et hommes, il faut dire de ce monde entier ce que saint Paul dit de l'Eglise qui n'est qu'une partie et peut-être même la partie inférieure du monde moral: « A l'Eglise, qui est le corps du Christ, le Père a donné le Christ pour tête, et de cette tête le corps entier reçoit la vie avec tous ses effets » (cf. *Eph.* I, 22-23; IV, 15-16). On pourrait peut-être objecter que nous attribuons au tout ce que saint Paul ne dit que de la partie. Mais si le monde moral entier est plus grand que l'Eglise, la puissance du Christ Homme-Dieu dépasse sans limites le monde moral entier, ainsi que l'indique l'Apôtre dans

Eph. I, 20-22. La puissance de rédemption sans limites que nous venons de constater dans le Christ Homme-Dieu, est au service de sa volonté souveraine et sa volonté est attirée à la fois librement et efficacement par son amour, amour *effectif* envers ce qui lui doit l'être (*Sap.* XI, 24, 26) et surtout envers les plus hautes de ses créatures. Nous pouvons donc conclure sans témérité que le Christ Rédempteur a étendu son immense pouvoir rédempteur au monde moral tout entier, afin que la plus belle œuvre du Créateur ne sombrât pas dans une ruine presque complète et que le corps mystique du Christ eût en lui-même un remède contre toutes les maladies auxquelles ses membres seraient exposés durant le temps de leur épreuve, remède souverainement efficace s'il était librement accepté et appliqué avec une persévérante patience. D'ailleurs, la gloire de Dieu était et demeure intéressée à cette extension de la puissance rédemptrice du Christ au monde moral tout entier.

d) **Rédemption du monde moral tout entier.**

Au reste, une affirmation *autorisée* vaut mieux qu'une conclusion tirée de prémisses contre lesquelles on ne manquerait pas de nous diriger des objections. Or saint Paul (*Col.* I, 19-20) dit que le bon plaisir de Dieu a été de faire habiter toute plénitude dans le Christ et de se réconcilier tout par lui, en établissant par le sang de sa Croix la paix, soit en ce qui est dans le ciel, soit en ce qui est sur la terre. Il est incontestable qu'il ne s'agit pas ici des astres du ciel ou corps célestes, mais bien des êtres du monde moral invisible. Il est vrai, saint Augustin et de grands commentateurs entraînés par lui, entre autres Estius (*In Paulum*), voient dans ce texte un accord établi par Dieu entre le ciel et la terre, mais le texte de saint Paul ne comporte pas cette traduction et impose celle que nous avons donnée. Sans doute on oppose à notre intelligence de ce texte le passage du symbole solennel où il est dit du Christ : *qui propter nos homines et propter nostram salutem descendit de cœlis,* mais s'il est dit que le Christ est descendu du ciel — s'est incarné — pour notre salut, il n'est pas dit qu'il s'est incarné *uniquement* pour notre salut. Quant au verset de l'*Hebr.* II, 16, où il est dit du Christ — dans la *Vulgate* latine — : *Nusquam angelos apprehendit, sed semen Abrahæ apprehendit,* les Manuels l'entendaient autrefois de l'Incarnation et supposaient le verbe au passé. On faisait dire à ce verset que le Fils de Dieu n'avait pas pris la nature angélique, mais la nôtre — ce qui est vrai— et que, dès lors, il n'avait pas pu racheter les anges, mais seulement les hommes, et cette conclusion était plus que forcée. Pour ce qui est du sens du passage, il n'y est pas question de l'Incarnation, mais de l'aide que nous recevons du Christ. Puis, dans le grec, le verbe est au présent, de sorte que le vrai sens est : le Christ n'aide pas les anges, mais la descendance d'Abraham, et par cette descendance notre Epître, ainsi que tout le Nouveau Testament, entend tous ceux qui tiennent à Abraham par la foi au Christ qui en est le principal descendant comme homme. Une autre objection est faite encore contre la Rédemption des anges par le Christ, par le sang de sa Croix. Le sort de tous les anges est, dit-on, fixé pour jamais; c'est la gloire éternelle pour les uns et le supplice sans fin pour les autres; la vertu rédemptrice du Christ n'a rien à faire dans de telles conditions. Mais n'a-t-elle pas pu avoir une action à exercer avant que fussent établies pour les anges les conditions actuelles? La persévérance des bons anges ne tient-elle pas à ce qu'ils ont accepté le bienfait incomparable de la Rédemption par le Christ et l'ont fructueusement employé, tandis que les anges déchus n'en ont pas fait cas et l'ont même méprisé? Si cette objection portait, il faudrait dire que les hommes qui sont pour toujours dans la gloire, de même que ceux qui ne sortiront jamais de la géhenne, n'ont pas bénéficié de la Rédemption, mais ceux-là seulement qui vivent ou vivront encore sur la terre. Enfin, dans l'Apocalypse de saint Jean (V. 8-10) nous avons, sinon une preuve, au moins une confirmation de notre manière de voir sur l'extension au monde moral tout entier de la Rédemption opérée par le Christ. En effet, les vingt-quatre vieillards appartiennent à notre espèce; mais les quatre animaux mystérieux qui entourent l'agneau debout et comme immolé devant le trône de Dieu, sont analogues aux animaux du premier chap. d'Ezéchiel; ce sont des êtres intelligents, puisqu'ils louent Dieu avec et comme les vingt-quatre vieillards; d'autre part, ces êtres mystérieux n'appartiennent pas à notre monde moral, mais à celui des anges. Or, animaux et vieillards louent ensemble l'agneau qui les a *rachetés*, langage qui n'aurait pu être tenu, si le Christ n'avait été que le Rédempteur des hommes. Après avoir parlé des chutes et de leur réparation dans le monde moral tant visible qu'invisible, parlons de ces mêmes choses avec plus de détails en ce qui regarde notre monde moral.

TROISIÈME PARTIE

I. — L'humanité primitive : sa déchéance originelle.

a) Combien de couples primitifs ?

Notre humanité à son origine était-elle représentée par un seul couple humain ou par plusieurs? Voilà une question qui, pratiquement, ne se posait pas au milieu du siècle dernier, mais qui se pose aujourd'hui. C'est l'anthropologie préhistorique et l'anthropologie paléontologique qui nous la posent. Pourront-elles nous la résoudre? Ce sera difficile, toutefois cela ne paraît pas impossible; il semble néanmoins que la réponse sera toujours accompagnée d'obscurités. Autrefois, et ce n'est pas ancien, en s'appuyant sur l'autorité de la Bible et sur l'intelligence *traditionnelle* de ses deux premiers chapitres, on aurait opposé une fin de non recevoir à la question posée ci-dessus qu'on aurait traitée d'objection sentant l'irréligion. Aujourd'hui, beaucoup de catholiques de foi non suspecte, mais éclairés sur le passé de notre terre, pensent autrement et même quelques-uns publient leur pensée en même temps que les faits sur lesquels elle s'appuie. Loin d'être contraire à cette façon de voir, la Bible lui serait plutôt favorable dans le premier récit de la création (*Gen.* I, 1 ; II, 4), récit datant des environs de 450 ans avant Jésus-Christ et un des plus beaux morceaux de l'Ancien Testament pour la vigueur de la pensée. Dans ce récit, tous les noms des êtres produits avant l'homme sont au singulier; ce sont évidemment des collectifs; or, l'homme, qui est le dernier des êtres produits, est désigné aussi par un nom singulier:

de même que Dieu avait dit d'abord, que les eaux produisent de la volaille, que la terre produise du bétail domestique, du reptile, etc., il dit (*ibid.* 26): faisons de l'homme à notre image, etc. Puisque les premier noms sont collectifs, le dernier a bien des chances de l'être aussi. Il est vrai, on lit au verset suivant, et Dieu créa l'homme, etc.; mais l'article, quoique déterminatif en hébreu, n'indique pas toujours un individu, mais parfois seulement une espèce: ainsi (*Cant.* II, 12), on lit, « la voix de *la* tourterelle a été entendue dans notre pays ». Or, ici, il ne s'agit pas de telle tourterelle en particulier, mais d'un oiseau qui appartient à l'espèce tourterelle et non à une autre espèce: un tel emploi de l'article est fréquent dans la Bible. Ces remarques servent à résoudre la difficulté qu'on pourrait tirer de *Gen.* II, 7, dans le deuxième récit de la création (*Gen.* II, 5-24), récit plus ancien et de meilleur hébreu que le premier, mais de pensée beaucoup moins forte: l'article du XXV, 7, peut aussi bien marquer qu'il s'agit de l'espèce homme que de tel ou tel individu de cette espèce. Donc, la Bible n'est pas opposée, elle serait plutôt favorable à la pluralité des couples humains primitifs.

b) Action de l'Inspiration dans la Bible.

On nous allèguera peut-être l'intelligence *traditionnelle* de ces deux passages où l'on n'a jamais vu qu'un seul couple humain primitif. Mais, jusqu'au temps de Galilée on avait entendu *Jos.* X, 12-13, du mouvement du soleil, mobile autour de la terre immobile; c'est même parce que, à la suite de Copernic, Galilée entendait ce texte à l'encontre de l'intelligence courante qu'il fut condamné comme hérétique par le Saint-Office. On oubliait alors et on oublie trop encore de nos jours que, si tout est inspiré dans l'Écriture, tout n'est pas atteint de la même manière par l'inspiration qui rend l'Écriture utile pour enseigner, pour convaincre, pour corriger et pour former à la justice, afin que l'homme de Dieu soit parfait à toute bonne œuvre (*II. Tim.* III, 16-17). Un autre passage de saint Paul (*Rom.* XV, 4) précise le précédent pour ce qui a trait à l'enseignement. Tout ce qui a été écrit avant nous — ce ne pouvait être alors (58 ans après Jésus-Christ) que l'Ancien Testament — a été écrit pour notre enseignement, etc. Or, le mot *didaskalia,* mot employé par saint Paul dans les deux textes cités, ne désigne que l'enseignement religieux et dans saint Paul et dans tout le Nouveau Testament, enseignement qu'on a soin de blâmer si parfois il est mauvais (cf. *Eph.* IV, 14; *Mc.* VII, 7, etc.). La Bible peut donc être définie un livre d'enseignement religieux, mais donné avec une extrême liberté de forme et d'allure, surtout dans l'Ancien Testament. Dans un tel livre, où cependant tout est inspiré, la vérité religieuse est inspirée pour elle-même et pour ce qui la fonde: telle la mission divine du Christ et les miracles qui en sont la preuve. De la vérité de ces matières, l'Esprit-Saint se porte garant. Pour tout le reste, il laisse l'hagiographe à lui-même, parlant à son milieu et comme son milieu, mais d'une façon et manière à ne jamais blesser la vérité religieuse. Pour revenir à notre exemple, que le soleil tourne autour de la terre ou que ce soit l'inverse, cela est hors de tout enseignement religieux : là-dessus, la Bible parle et même doit parler comme parlaient ses premiers lecteurs afin de ne pas les choquer ; une science plus avancée jugera ensuite la science des premiers lecteurs et si cette science est fausse, ce sont les premiers lecteurs qui auront tort et non pas l'Ecriture. Dans l'exemple, le Saint-Esprit ne s'engage pas, l'auteur du livre de Josué, laissé à lui-même, ne blesse pas la vérité religieuse, et son récit sur la longueur démesurée du jour du combat et de la victoire était de nature à inspirer aux enfants d'Israël confiance en tout temps dans la protection du Seigneur. D'ailleurs, comme le livre de Josué est de rédaction finale assez postérieure aux évènements, il n'y avait pas à trop se préoccuper de la vérité historique du fait — arrêt du soleil et de la lune — attesté par une source peu précise, le livre du Iaschar (livre du Juste, dans les traductions), recueil de chants guerriers (cf. *II. Sam.* I, 18). La bonne leçon de confiance en Dieu protecteur d'Israël subsistait, quelle que fût la vérité du fait ancien qu'on racontait. Il ne faut pas s'étonner de cette liberté de narration dans la Bible : elle se trouve même dans le Nouveau Testament, quand les faits rapportés sont anciens par rapport au narrateur. Ainsi, dans la belle Epître des Hébreux (VII, 1 sq.), on dit de Melchisédech qu'il n'a eu ni commencement ni fin de jours, et cela uniquement parce qu'on ne dit rien (*Gen.* XIV, 18 sq.) sur sa naissance et sa mort, sur les ascendants et descendants de ce personnage, qui était prêtre de Dieu Très-Haut, par suite prêtre éternel, ce à quoi ne manque pas de faire allusion le Psalmiste (*Ps.* CX) ; on ne prend même pas la peine en tout cela de nous dire qu'on parle au *figuré* ou par allégorie, comme saint Paul nous en avertit (*Gal.* IX, 21-24), quand il nous dit que les deux femmes d'Abraham, Agar et Sara, sont deux testaments ou deux alliances.

On voit combien ces quelques remarques sur les effets de l'inspiration dans les livres saints nous mettent à l'aise pour apprécier un fait extraordinaire raconté dans la Bible, sans que nous ayons à nier en aucun point le caractère inspiré du récit qui le raconte.

Cette façon d'envisager l'inspiration comme n'agissant pas de la même manière sur l'Hagiographe quand il traite d'enseignement religieux ou de ce qui le fonde pour nous et quand il parle de matières sans rapport nécessaire avec l'enseignement religieux, va nous permettre de résoudre une espèce de difficultés dont la solution donnée d'abord par saint Augustin, suivie par saint Thomas et répétée jusqu'à nos jours ou à peu près, ferait pauvre figure devant des incrédules doublés de savants et de critiques.

c) La Bible parle-t-elle parfois selon les apparences ?

Il s'agit de faits naturels, observés avec précision scientifique et encadrés dans les lois qui les régissent. Quand l'Ecriture parle de ces faits de la nature à la manière du peuple, et par suite d'une manière assez souvent erronée, on dit, pour conserver à l'Ecriture une inerrance absolue et universelle, que la Bible parle selon les apparences. Or, on ne saurait le nier, on établit ainsi une exégèse *arbitraire*. La Bible est, en effet, aussi catégorique quand, par exemple, elle parle du lever ou du coucher du soleil que quand elle parle de la descente du Christ jusque dans les parties inférieures de la terre et de son ascension au-dessus de tous les cieux (*Mc.* I, 32; XVI, 2; *Eph.* IV, 9-10). Si nous voulions comprendre ces textes d'après la règle des *apparences*, les incrédules pourraient nous dire : Vous prenez les choses au réel quand il s'agit du Christ pour que votre dogme ne sombre pas, et vous prenez les choses selon les apparences quand il s'agit du soleil pour sauver l'inerrance de votre Bible : l'arbitraire ici saute aux yeux. Si, au contraire, on ne veut pas d'inerrance là où la Bible n'*enseigne* pas et parle comme tout le monde; si on ne garde cette inerrance que pour l'enseignement religieux et pour ce qui le fonde, aussitôt l'arbitraire disparaît et on laisse parler la Bible comme elle a été écrite. Au reste, les partisans des apparences font aussi parler la Bible comme tout le monde, quand elle n'enseigne pas, et ici, ils sont à suivre. Pour aller jusqu'au bout, il est certaines matières dans lesquelles apparence et réalité sont identiques, et la Bible ne cadre ni avec l'une ni avec l'autre : tel est le splendide premier récit de la création dans lequel, au siècle dernier, on a voulu voir un traité de géologie révélée; on ne faisait pas attention qu'il y a au moins autant de discordances avec la réalité terrestre qu'il y a de concordances, et de ce magistral début du Livre sacré on faisait le pauvre travail d'un vulgaire débutant dans l'étude de la terre.

Ce n'est pas seulement quand la Bible parle en matière des sciences de la nature qu'il y a lieu de suivre, pour en avoir la véritable intelligence, les règles d'exégèse que l'Ecriture elle-même nous a suggérées; il y a lieu aussi de les suivre en matière historique quand cette matière est sans connexion avec ce qui est l'objet de l'enseignement religieux, tel que cet objet a été déjà maintes fois défini. La raison de tout cela est que la Bible fait moins de l'histoire que de l'enseignement religieux; même quand elle fait cet enseignement avec l'histoire, elle ne prend des faits que ce qui sert au but proposé : au lieu d'un tableau historique complet, nous pouvons n'en avoir que des parties et pas toujours disposées dans leur ordre réel; d'ordinaire, nous faisons nous-mêmes quelque chose d'analogue dans les panégyriques des saints. C'est ainsi que, dans *Dan.* IV, Nabuchodonosor, le puissant fondateur de l'Empire Chaldéen de Babylone, est privé du pouvoir par les grands de son Empire et réduit à une condition des plus misérables, pour être ensuite remis sur le trône, mais seulement avec les honneurs royaux, le pouvoir continuant à demeurer entre les mains de son fils Baltazar, sous lequel (*ibid.* V) Babylone fut prise par Cyrus. Or, Baltazar était fils de Nabonaïd, auquel arriva l'aventure racontée dans *Dan.* IV et qui fut le dernier roi chaldéen de Babylone. Le livre de Daniel a été écrit dans son état actuel, 400 ans après Nabonaïde et le peuple d'Israël, alors horriblement persécuté par Antiochus Epiphane, ne connaissait pas même le nom de Nabonaïd, tandis qu'il n'avait pas oublié Nabuchodonosor, le terrible destructeur de Jérusalem, ni le prince sous lequel Babylone avait été punie et dont on faisait le fils du destructeur de Jérusalem. L'énorme confusion historique qui régnait dans l'esprit du peuple fut respectée par le rédacteur de notre livre de Daniel, et il eut raison : a quoi bon désabuser le peuple sur un point où il n'errait pas en matière religieuse et ne pas lui laisser croire que la justice d'en haut avait frappé de grands coupables, persuasion toujours salutaire dans les multitudes? Nous arrêtons ici ces principes d'exégèse biblique, étrangers à notre sujet, mais encore trop peu familiers aux esprits et qui, cependant, nous sont indispensables dans la poursuite de notre étude.

d) Antiquité de l'homme.

Revenons à notre point de départ, qui était que la Bible, sans nous obliger de dire que notre espèce a commencé par plusieurs couples, ne nous défend pas de le penser. On nous oppose l'intelligence traditionnelle des Juifs avant le Christ et des chrétiens depuis le Christ, lesquels n'ont jamais vu qu'un couple humain primitif dans le double récit biblique de la création. Mais à cela on peut répondre que, le péché originel à part, la vérité religieuse est indifférente à ce qu'on admette un ou plusieurs couples humains primitifs. Quant au péché originel, qui consiste en ce que nous venons au monde privés de grâce surnaturelle, quoique destinés à l'état surnaturel, nous verrons qu'il s'explique aussi aisément avec plusieurs couples primitifs qu'avec un seul couple. Certes, si l'on admet qu'un *seul* acte divin a fait de l'homme un être de l'ordre moral, il sera toujours difficile de prouver qu'il y a eu plusieurs centres de création et par suite plusieurs couples primitifs. Mais l'homme a pu être fait successivement par le Créateur, le corps d'abord, l'âme ensuite, comme semble l'indiquer, dans *Gen.* II, 7, le plus ancien récit de la création (*Gen.* II, 5-24). Si, comme le pense un spécialiste appartenant à un grand corps religieux et comme il croit l'avoir constaté dans le groupe des vertébrés, notre corps était, par évolution ascendante dirigée d'en haut, arrivé à un état qui le rendit capable de servir d'instrument à une âme raisonnable, qu'il n'aurait pas postulée, mais qui lui aurait été gratuitement infusée, s'il en avait été ainsi, disons-nous, les chances seraient, sinon toutes, au moins en immense majorité, pour la pluralité des couples primitifs. Or, la regrettable condamnation du système de Copernic-Galilée comme hérétique en théologie et absurde en philosophie nous apprend que dans l'intelligence de la Bible, il faut nous maintenir dans toute la latitude qu'elle nous permet. Donc, notre humanité, telle qu'elle nous apparaît sur de vastes étendues du globe, non seulement à l'aurore de l'histoire, mais encore à l'âge de la préhistoire, descend, elle, d'un couple primitif ou de plusieurs, la Bible ici ne précise pas et par suite nous laisse libre choix. A l'époque préhistorique, notre humanité pouvait être aussi bien la descendance d'un couple unique que de plusieurs, pourvu que cet unique couple primitif fût assez ancien. Or, l'antiquité ne manque pas à l'apparition de notre espèce sur la terre, si l'on veut suivre la Bible. D'après le document jéhoviste (J.), regardé comme la partie la plus ancienne de l'Ancien Testament, le premier couple humain était nu et il vivait dans une région voisine du Tigre et de l'Euphrate (*Gen.* II, 25 ; II. 14). Il y avait donc dans ces régions un climat analogue à celui du centre de l'Afrique ; or, ceci nous porte à l'époque tertiaire, quand notre Méditerranée — mer nommulitique — trois fois plus large qu'aujourd'hui et s'étendant jusqu'au golfe Persique, entretenait sur ses deux rives, probablement à cause de quelque gulf-stream, une température et une végétation tropicales : ceci nous met au moins dans le tertiaire supérieur ou pliocène et donne à notre espèce une ancienneté des plus respectables. Il est vrai, on n'a pas encore trouvé des traces de l'homme tertiaire, mais rien ne nous dit qu'on n'en trouvera pas plus tard.

e) Liste généalogique de la Bible.

Sans doute, nous avons (*Gen.* V et XV) des généalogies ante et post diluviennes qui font remonter l'humanité entre 5 et 6.000 ans avant notre ère. Mais ces listes généalogiques, inconnues de J., appartiennent au code sacerdotal (P.) et, par suite, sont assez récentes ; de plus, elles n'ont jamais été regardées comme véritable document historique, sinon on ne les aurait pas aussi maltraitées : en effet, nous avons trois témoins du Pentateuque, le Grec des LXX, le Samaritain et l'Hébreu massoréthique ; or, Noé, Tharé et Sem étant demeurés intacts dans les trois témoins, le Grec ajoute, dans les deux listes, cent ans à l'âge du patriarche avant qu'il engendre son successeur ; le Samaritain fait cette opération à la deuxième liste, et l'Hébreu lui-même, qui garde la deuxième liste intacte, se voit dans la première ajouter les cent ans à Jared, Mathusalé et Lamech. Ici, les additions sont voulues, le hasard — *lapsus calami* — ne se trompe pas toujours de la même façon : il y a peut-être un *lap. cal.* pour Nachor, partout ailleurs le changement est intentionnel. Or, à part le déplacement de quelques versets, le Pentateuque, dans nos trois témoins, concorde d'une façon très convenable, sauf pour les listes généalogiques. C'est qu'on ne les regardait pas comme Ecriture *au même titre* que le reste des livres de Moïse.

Le même document J., après nous avoir montré l'homme aux temps tertiaires, nous le montre ensuite à l'époque quaternaire ou glaciaire, quand il fait vêtir de fourrures l'homme et la femme par Iahvéh (*Gen.* III, 21). Donc, d'après la Bible, quand on dut se couvrir de fourrures, une époque géologique, sinon plusieurs, s'était écoulée depuis que notre espèce vivait sur la terre; or, on sait que la durée des époques géologiques se compte par des unités qui sont facilement cent mille ans. On nous dira peut-être qu'Adam n'a vécu que 930 ans et que, nu d'abord, il endossa les fourrures avant de mourir. Mais il faut savoir que nous avons tort de faire d'Adam un nom propre: c'est un nom commun qui désigne un individu de notre espèce quel qu'en soit le sexe, le fait est patent dans *Gen.* V, 2, où le premier couple est appelé Adam. Dans J. encore (*Gen.* III, 20), la compagne d'Adam, appelée jusque là du nom commun de femme, est nommée Eve par son mari, parce que, ajoute-t-on, elle avait été — ou continuait d'être — la mère de tous les vivants. Or, ce n'est qu'au chapitre suivant qu'on lui fait enfanter Caïn et Abel, qui ont toutes chances de désigner moins deux individus que deux classes d'hommes, les méchants et les bons, ceux-ci encore aujourd'hui trop souvent victimes de ceux-là. On le voit, notre espèce peut être très ancienne et, dès lors, même en ne descendant que d'un seul couple, elle a pu, à l'époque de la préhistoire, avoir la grande expansion qui fait trouver de nos jours par les chercheurs spécialistes des hommes fossiles de même race en Europe occidentale et en Chine orientale. Donc, un seul couple a pu produire l'humanité actuelle, mais cela n'empêche pas de penser, ainsi qu'il a été déjà expliqué, que peut-être plusieurs couples y ont travaillé.

f) **Développement et corruption de l'humanité.**

Dans le plus ancien récit de la création, appartenant à J. (*Gen.* II, 5-24), l'homme donne des noms aux animaux, tant domestiques que sauvages, ainsi qu'aux oiseaux (*ibid.* 20); dans le récit plus récent (*Gen.* I, 1; II, 4), l'homme ne se contente pas de donner des noms aux animaux, il les domine dans l'air, sur la terre et jusque dans les eaux (*ibid.* 26). Sa puissance sur la nature va grandissant, mais il en est de même de sa déchéance morale. Dans J. (*Gen.* VI, 1-8), l'espèce humaine entière est corrompue, Noé seul est trouvé juste; cette corruption consistait surtout dans les vices de la chair et commença par les grands, appelés enfants de Dieu — anges par les LXX — ce dont nous avons déjà dit un mot, en remarquant que c'est toujours des grands que la corruption descend dans les foules. Dans P. (*ibid.* 11-12) la déchéance morale ne commence pas par les grands, elle semble égale chez tous, et c'est la violence qui la caractérise, vice plus grave que celui de la chair. Or, P. n'a pas l'air de connaître le péché d'Eden, du moins il n'en parle pas, alors que J. nous le raconte dans *Gen.* III : ceci semble indiquer quelque peu que pour l'Ancien Testament, le péché d'Adam ne compte pas ou compte peu comme cause de corruption morale de notre humanité ; la cause est plus profonde, c'est que nous sommes des êtres créés. Le Siracide qui (*Eccli.* XVII, 1 sq.) parle de l'état de l'homme à son origine, en connaît la grandeur et la faiblesse, mais il ne dit rien du péché d'Eden ; il dit bien ailleurs que c'est la femme qui a commencé à pécher et c'est à cause d'elle que nous nous mourons tous (*ibid.* XXV, 23), mais la mort n'est pas déchéance morale, mais seulement peine qui pourrait être punition, et ce sera un point à examiner en son lieu.

Nous venons de voir que l'humanité primitive, et par suite la nôtre aussi, peut descendre d'un ou de plusieurs couples primitifs, qu'elle peut être très ancienne et a même toutes chances de l'être et que, si son pouvoir sur la nature a été grandissant, la conservation de sa valeur morale a tendu à marcher en sens inverse. De ce dernier point, le plus important de tous, nous trouvons de tristes vérifications, soit dans l'histoire du vieil Orient par le déchiffrement toujours croissant des anciennes écritures, soit dans l'histoire du monde greco-romain qui nous est plus familière et qu'on connaît sur certains points de mieux en mieux. Un seul peuple fait une exception assez marquée dans cette décadence morale, c'est le petit peuple juif, restes de l'ancien Israël, après son retour aux environs de 500 ans avant Jésus-Christ, de l'exil à Babylone : c'est un sujet sur lequel nous aurons à revenir. Rappelons cependant que la décadence morale a été d'ordinaire plus avancée chez les grands et dans les classes élevées que parmi les masses, qui, d'ailleurs, reçoivent le mauvais exemple d'en haut et sont moins responsables à cause de leur manque d'éducation. La déchéance morale dans notre espèce n'a pu commencer, d'après ce qui a été dit plus haut, que par une faute morale ; essayons de voir quelle a été cette faute.

g) Quel fut le premier péché dans le Jardin ?

L'homme est si porté aux vices de la chair et, s'il n'y résiste, tombe si vite dans la débauche, quand ses moyens le lui permettent et même dans la débauche contre nature, qu'on est porté à croire que le premier péché commis parmi les hommes a été un péché de la chair. L'histoire profane ne dit ni ne précise rien sur ce sujet. La Bible qui, si elle le veut, a caractère ici pour parler, nous parle de la manducation d'un fruit défendu, produit par un arbre qui a nom: arbre de la science du bien et du mal (*Gen.* II, 17, 9). Nous l'avons déjà dit, manger ou ne pas manger d'un fruit ordinaire est chose indifférente en morale et il serait indigne de Dieu d'y attacher un ordre avec sanction rigoureuse; le nom de l'arbre est mystérieux et mystérieux est le fruit qu'il porte. Au reste, s'il faut lire quelque part avec prudence, c'est dans *Gen.* III: là un serpent parle avec la femme sans que celle-ci s'en étonne; ce serpent a pour punition de marcher sur le ventre et de manger de la poussière, c'est qu'auparavant, il marchait droit sur sa queue et mangeait des fruits, ainsi que le dit l'apocryphe intitulé *Vie d'Eve;* bien plus, l'Eternel va se promener au frais du soir dans le jardin d'Eden et, chose incroyable, il semble qu'il sera empêché de punir le coupable et d'exécuter la sentence qu'il a portée contre lui, si ce coupable vient à manger du fruit de l'arbre de vie. Il ne faut pas prendre ici les choses à la lettre, comme le peuple ignorant est porté à le faire et comme les théologiens eux-mêmes l'ont trop fait : on s'exposerait à déshonorer la religion du Christ auprès de nos contemporains. Au IIe siècle de notre ère, d'après Clément d'Alexandrie, d'aucuns voyaient dans le péché d'Eden une faute de la chair. Sans doute, Adam et Eve pouvaient et même devaient avoir des rapports sexuels, mais ils ne leur étaient permis que s'ils étaient capables de propager notre espèce. Or, saint Irénée (*Adv. Haer.* IV, cap. XXXVIII, 1-2) dit que l'homme fut d'abord enfant — *nepios* — et ailleurs il écrit que nos premiers parents étaient enfants quand le serpent les tenta. Dans les pays chauds, que d'enfants vivant ensemble presque nus ont des rapports sexuels bien avant la pleine puberté, et comme ils y trouvent déjà assez grand plaisir, ces rapports se multiplient, deviennent des habitudes enracinées et se transmettent facilement à la descendance. Ainsi en fut-il, ce semble, pour nos premiers ancêtres: ils étaient nus d'abord, dit la *Gen.* II, 25, et ne rougissaient pas; mais après leur faute, ils se firent des ceintures de feuilles (*ibid.* III, 7), évidemment pour cacher les membres génitaux, désormais facilement en éveil, même par la seule idée du rapprochement sexuel. Après la faute, ils connurent qu'ils étaient nus et rougirent de leur nudité, dont ils n'avaient pas rougi jusque là. Quant à l'arbre qui était au milieu du jardin et auquel on ne devait pas toucher sous peine de mort, c'était l'arbre de la science du bien et du mal et non l'arbre de vie, dont on n'avait pas goûté (*ibid.* III, 22) et qui (*ibid.* II, 9), dans tous les témoins et versions anciennes du Pentateuque, s'est mis par transposition à la place de l'arbre de la science du bien et du mal. Cet arbre, situé au milieu du jardin, c'était la femme attirant l'homme (*ibid.* II, 16-17) et réciproquement la femme attirée par l'homme (*ibid.* III, 6), car l'instinct génital est réciproque. Si on trouve la figure un peu forte, qu'on se souvienne que *Gen.* II, 5; IV, 26 appartient au vieux document J., qui nous a dit ces choses bien plus extraordinaires à propos du serpent et de Iahvéh lui-même. Au reste, dans le *Cant.* VII, 8-9, l'épouse, avec maints détails de ses attraits, est comparée à un arbre dont l'époux se rendra maître et jouira. On dit, il est vrai, que le premier couple, sortant des mains du Créateur, avait sur tous ses membres pouvoir absolu comme nous l'avons encore sur nos bras; mais la seule preuve positive qu'on puisse en donner, c'est que ce premier couple ne rougissait pas de sa nudité: c'est faible, d'autant plus qu'on admet depuis assez longtemps que Dieu aurait pu créer l'homme dans l'état actuel — c'est-à-dire avec la concupiscence tenant à notre nature mixte — exempt toutefois de ce qu'on appelle le péché originel.

Il semble, d'après *Gen.* III, 4, que la chute de nos premiers ancêtres commença par l'orgueil; saint Thomas y voit même une faute grave d'incrédulité chez la femme; mais s'il y a un commencement d'orgueil, il y a encore plus de curiosité, il est si naturel à notre espèce de vouloir connaître; d'ailleurs, il faut traduire le passage qui nous occupe, comme l'ont traduit les LXX: « Vous serez comme des dieux connaissant le bien et le mal », et non: « Vous serez comme Dieu, etc. », ce qui eût été un orgueil insupportable, une sorte de blasphème contre le Saint-Esprit; or la faute d'Adam n'a pas été sans rémission pour le coupable, la punition en a été légère; ce furent les peines de la vie qui frappent encore aujourd'hui notre espèce et souvent les bons plus que le mauvais (cf. *ibid.* III, 17-19). Quant à l'incrédulité de la femme, qui aurait été un péché grave contre la foi, il ne faut pas pousser les choses à l'extrême: saint Paul (*I. Tim.* II, 14) dit que lors de la transgression, la femme fut séduite ou trompée, mais Adam ne le fut pas. Eve put penser que la sévère défense de Iahvéh (*ibid.* II, 16-17) était plutôt une menace qu'une sentence irrévocable. Que faut-il dire de cette sentence qui suppose que les premiers ancêtres eussent été immortels, et par suite aussi leur descendance, si le péché commis dans le jardin n'eut tout gâté.

h) L'immortalité primitive.

La mort dont Adam fut menacé (*ibid.* II, 16-17) ne prouve pas qu'il dût être immortel, lui et sa descendance dont d'ailleurs on ne dit mot: ce pourrait être une façon de parler semblable à celle de nos codes, où l'on dit: Qui fera tel acte sera puni de mort, ce qui ne suppose en rien l'immortalité dans ceux qui ne transgresseront pas la défense. Nous n'avons, dans l'Ancien Testament, qu'un passage où la mortalité de notre espèce soit affirmée comme causée par la faute de ses premiers représentants (*Eccli.* XXV, 23). Il est dit que la femme a péché la première et que, à cause d'elle, nous mourons tous. L'immortalité perdue, qu'on a voulu voir dans la Sagesse (II, 23-25) n'est en rien l'exemption de la mort et nous aurons à revenir sur ce remarquable texte. Quant à ce qui est dit dans le même livre (I, 13-14), cela peut se vérifier par la permanence des *espèces*, surtout de la nôtre, sans recourir à l'immortalité des *individus*. Le célèbre texte de saint Paul (*Rom.* V, 12-21) peut s'entendre, mais non sans quelque difficulté, de la perte de l'immortalité proprement dite. Toutefois, pour l'homme, qui voit béant et inévitable le trou de la tombe aussitôt qu'il commence à raisonner, on comprend assez bien que par le don de l'immortalité la bonté du Créateur lui enlevât une crainte qui aurait empoisonné toute son existence : aussi sommes-nous portés à admettre l'immortalité primitive de notre espèce, malgré les objections qu'on peut opposer aux textes de l'Ecriture qui l'affirment. Il ne faut pas oublier néanmoins que si la pensée de la mort est pénible à la nature, l'incertitude du temps de la mort est un frein qui maintient dans la ligne du devoir cette même nature, toujours capable de s'en écarter ou assez faible pour s'en laisser éloigner, et cela par le fait qu'elle est chose créée.

Admettons simplement que sans la faute d'Eden, tous les hommes auraient été immortels ; quelle aurait pu être cette immortalité ? Les hommes devaient se reproduire comme aujourd'hui ; ils avaient même ordre de se reproduire en grand nombre d'après P. (*Gen.* I, 28), postérieur à J., qui devait lui être connu et qui seul contient, dans le Pentateuque, le récit de la chute primitive. Or, les maladies et les défectuosités naturelles étant exclues par le fait de l'immortalité, le premier couple aurait eu bientôt des enfants fort nombreux, à peu près autant de l'un que de l'autre sexe ; chaque couple de cette ligne directe de descendants aurait donné naissance à une autre ligne de couples nouveaux, et ainsi de suite pour chacun de ces nouveaux couples. La population se reproduisant toujours sans aucun vide mortuaire, très vite le globe aurait été surpeuplé d'une manière incroyable et bientôt effrayante. Même si tous avaient pratiqué le régime végétarien, comme le suppose le premier récit de la création (*Gen.* I, 29 sq.), on aurait fini par éprouver la faim, car on aurait eu besoin de manger comme aujourd'hui, vu que la vie inférieure (végétative et sensitive) était la même que de nos jours. Ainsi, les hommes auraient été obligés de subir les tortures de la faim, sans espoir d'en être délivrés par la mort, ni même sans pouvoir se manger les uns les autres : des êtres immortels ne pouvaient manger leurs semblables immortels comme eux ; manger les animaux eût été un moyen de lutter contre la faim, mais on cessait d'être végétarien, changement de régime que P ne permet qu'après le déluge (*Gen.* IX, 3). D'ailleurs, comme les animaux n'étaient pas immortels et que dès lors la mort faisait ou tendait à faire en eux contrepoids à la reproduction, ce qui n'avait pas lieu parmi les hommes immortels, après un temps un peu plus long le régime mixte lui-même n'aurait pas empêché les hommes de sentir, sans pouvoir les adoucir, les tortures de la faim. On voit qu'il faut cheminer au travers des difficultés en admettant l'immortalité pour notre espèce au cas où le premier homme n'aurait pas péché. Et ce n'est pas tout encore : il aurait fallu que les grands fauves, carnivores au moins depuis le déluge, n'eussent jamais eu faim à la rencontre de l'homme ; il aurait fallu aussi que l'homme échappât aux coups des redoutables phénomènes qui sont dus aux forces brutes de la nature, tels que foudre, orages, tempêtes, tremblements de terre, effondrements du sol, etc., fléaux qui ont existé de tout temps et encore plus terribles autrefois que de nos jours. Pour que l'homme pût vivre immortel sur la terre, il aurait fallu ou que la nature des êtres terrestres fût changée, ou que leurs énergies fussent liées, ou que de continuels miracles de protection protégeassent la vie de l'homme : tout cela serait possible à la Toute-Puissance, mais cela risquerait fort de ne pas convenir à la Toute-Sagesse. On voit combien de choses on fait dire à la Bible alors qu'elle n'en souffle pas mot. Nous avons, il est vrai, le passage déjà cité du Siracide (*Eccli.* XXV, 23). Mais si le fils de Sirach est un auteur très pieux, il est un historien peu précis pour les détails ; ainsi d'après *Josué* (X, 12-13), lors de l'arrêt du soleil il y eut lumière un jour et demi, ce qui n'empêche nullement le Siracide d'écrire (61 XLVI, 4) que ce jour fut aussi long que deux jours. Le respect que nous devons à la Bible nous indique que l'immortalité primitive, supposé qu'elle ait un fondement, ne doit pas être entendue à la manière ordinaire.

Voici ce qui aurait pu avoir lieu : après un temps d'épreuve imposée nécessairement à tout être de l'ordre moral, surtout s'il est élevé à l'état surnaturel, — la Vierge étant exceptée par privilège, — temps dont la durée fixée par le Maître Souverain eût été inconnue de la créature en état d'épreuve, après ce temps, disons-nous, une transformation subite aurait fait passer l'homme du temps à l'éternité, sans qu'il eût à subir la corruption de la tombe, la crainte et les douleurs de la mort. L'incertitude de l'époque du départ aurait été la même qu'aujourd'hui et le doute sur la place que la Suprême Justice nous réservait dans l'au delà aurait été plus angoissant qu'il ne l'est maintenant que le Christ nous est connu comme Médiateur entre Dieu et les hommes et comme intercédant pour nous sans relâche auprès du Père (*I. Tim.* II, 5 ; *Hebr.* VII, 25).

i) **La notion de causalité dans la Bible.**

Mais avant de passer ailleurs, faisons une remarque assez importante sur la notion de causalité chez les Hébreux. Tant qu'ils n'eurent pas à coudoyer les Grecs et surtout tant qu'ils ne sortirent pas de chez eux, ils n'eurent l'idée que d'un pouvoir absolu dans leurs chefs et le roi était cause de ce qu'il ordonnait, de ce qu'il permettait et même de ce qu'il n'empêchait pas, et ceci était vrai de Iahvéh plus que de tout autre puisqu'Il était le Grand Roi (*Mat.* V, 35). Ainsi dans

Isaïe (VI, 9 seqq.), la prophétie, faite par ordre de Dieu, aurait pour but d'empêcher les hommes de se sauver, si nous entendions le texte avec notre mentalité grecque, ainsi que l'on fait les trois derniers Évangélistes, Marc et Jean parce qu'ils étaient Juifs et Luc parce qu'il était servilement fidèle à ses sources comme historien impartial; mais le *rédacteur* grec de notre premier Evangile a transposé (1) (XIII, 13 seqq.) le morceau entier d'Isaïe en mentalité grecque: c'était un Judéo-Grec, comme maintes particularités de son livre nous le font voir. Ces remarques, solidement fondées sur la notion si importante de causalité chez Israël, nous obligent de lire avec un peu de réserve le passage du Siracide (*Eccli.* XXV, 23) où il est dit que « le péché a commencé par la femme et à cause d'elle nous mourons tous ». Nous avons dans la Sagesse un cas concret de causalité très suggestif: c'est à cause de Caïn que la terre a été inondée par le déluge (*Sap.* X, 4). Voilà ce que dit un livre écrit presque au début de notre ère et dont l'auteur, bon helléniste d'après saint Jérôme, était plus que teinté de philosophie grecque et par suite d'esprit grec; or la précision de l'esprit grec n'a pas empêché ce Judéo-Alexandrin d'attribuer à un seul personnage ce que le vieux document J. (*Gen.* VI, 1-7) et le document P., plus récent que J. mais plus ancien que la Sagesse (*Gen.* VI, 12-13), attribuent à la corruption générale des hommes. On voit par cet exemple combien, même aux débuts de notre ère, l'esprit grec était émoussé par les habitudes juives en matière de causalité. C'est une constatation qu'il ne faudra pas oublier à propos de *Rom.* (V, 12-21): saint Paul, en effet, bien que tout à fait supérieur comme ensemble à l'auteur du livre de la Sagesse, a beaucoup moins de culture grecque que cet auteur, qu'il dépasse par la culture biblique.

Après avoir montré qu'on pouvait, sans aller contre la Bible, faire commencer notre humanité par plusieurs couples aussi bien que par un, nous avons parlé comme s'il n'y avait eu d'abord qu'un seul couple, uniquement parce qu'on a entendu toujours dans ce sens les deux premiers chapitres de la Bible. Mais dans le cas de plusieurs couples primitifs, nos conclusions ne rencontreraient quelque difficulté que sur le point de ce qu'on nomme le péché originel: la première faute avait toute chance d'être partout faute de la chair; le milieu se serait corrompu de même, mais avec plus de vitesse; l'immortalité, entendue dans le sens de transformation sans passer par la tombe, se serait imposée avec plus de force encore. Donc inutile d'insister. Passons à autre chose.

---

(1) Mais déjà cette transposition avait été faite avant notre ère par le traducteur grec d'Isaïe, par les LXX.

II. — Chute primitive transmise : moyens de la réparer.

a) Double effet du péché.

Les fautes graves, les seules dont il puisse être question dans ce travail, sont une transgression de la loi divine tant naturelle que positive en matière considérable. Elles nous constituent débiteurs envers la suprême Justice et débiteurs d'une dette que la suprême Miséricorde peut nous remettre, mais dont nous ne saurions nous libérer par nos seules forces. Outre cet effet du péché, qui a des conséquences éternelles si nous l'emportons avec nous dans la tombe, il en est d'autres qui, bien que moins graves, affaiblissent notre vigueur morale et parfois aussi notre santé physique. Ces derniers effets de la faute — éloignement du bien et tendance au mal — se transmettent par hérédité à la descendance du coupable et par la contagion du mauvais exemple aux personnes qui l'entourent : c'est ce qui gâte moralement le milieu dans lequel sont obligés de vivre et le pécheur et ses semblables. Pour tous ces effets de la faute la transmission n'est pas seulement possible, elle n'est malheureusement que trop souvent réelle.

b) Le péché originel : ce qui est de foi, ce qui est controversable.

Quant à l'effet qui a des conséquences éternelles si le péché n'est remis, il n'est pas transmissible : nul ne peut être condamné à une peine et à une honte sans fin pour un péché commis par autrui ; ce serait contre toute justice et subversif de la loi morale elle-même. Or la faute d'Adam, — nous allons raisonner désormais comme si l'humanité entière descendait d'un seul couple, — personnelle à son auteur, n'en est pas moins passée dans tous les individus de sa nombreuse descendance, même pour son effet à conséquences éternelles : voilà ce que depuis saint Augustin on pense généralement dans l'Eglise latine qui depuis longtemps est presque l'Eglise catholique entière. L'Eglise grecque ou orientale, quand elle était dans sa splendeur et pleinement unie à Rome, a ignoré le péché originel, tout en affirmant la chute ou déchéance de l'humanité dès sa première origine. Les Pères grecs ont reconnu comme transmis à toute notre espèce ce qui était transmissible dans la faute du premier ancêtre, mais non ce qui était personnel, dans le sens de ce qui vient d'être dit ci-dessus.

Comme nous sommes à la partie non pas la plus importante, mais la plus controversée et la plus controversable de notre travail, il nous faut procéder avec ordre et clarté. Que nous venions au monde destinés à l'état surnaturel et cependant *privés* de grâce sanctifiante, c'est une vérité de foi catholique. Sans la faute du premier ancêtre, serions-nous venus au monde dans l'état de grâce et cette première faute humaine est-elle la cause de cette privation de grâce avec laquelle nous naissons? On donne communément, au moins depuis saint Augustin, une réponse affirmative. La raison en est, dit-on, que le péché, commis par Adam dans le Jardin, est passé et passera toujours comme *péché* à toute sa postérité. Or la grâce et le péché ne peuvent pas coexister dans le même sujet. Il est clair que la génération charnelle ne peut pas transmettre le péché du père au fils: aussi a-t-on hésité entre le traducianisme et l'imputation — ces mots seront expliqués plus loin — pour s'arrêter enfin à l'imputation. Cette cause du péché originel ou de privation de grâce sanctifiante à notre naissance et le mode suivant lequel cette cause transmet son effet appartiennent-ils à la doctrine catholique? On est porté à répondre affirmativement, mais cependant sans précision ni insistance. Nous aurons donc à examiner sur quelles preuves s'appuie cette réponse. D'où:

1° Que dit l'Ecriture des deux Testaments sur ce sujet?

2° Qu'ont pensé là-dessus les Pères des quatre premiers siècles comme témoins autorisés de la doctrine de l'Eglise à leur époque?

3° Quelle a été durant ce même temps la pratique de l'Eglise en cette matière du péché originel et cette pratique a-t-elle été universelle?

4° Enfin quel est le vrai sens de ses définitions en ce point contre les hérétiques soit Pélagiens, soit Protestants?

c) Conditions pour qu'un péché soit personnel.

Quelques remarques sont nécessaires avant de répondre aux questions que nous nous sommes posées. Le péché d'Adam ne peut pas être nôtre; chacun pèche pour son compte et nul ne peut pécher pour autrui. Pour que le péché d'Adam fut *propre* à chacun de nous comme péché proprement dit, il aurait fallu que la volonté de chacun de nous eût coopéré au péché du premier ancêtre dans le jardin. C'est ce qu'avait compris saint Augustin — et beaucoup d'autres à sa suite — quand au lieu de faire sortir l'âme humaine du néant par voie de création *immédiate* ou par créatianisme, il la faisait procéder, malgré les répugnances de sa raison, de l'âme d'Adam par l'intermédiaire de l'âme des descendants qui relient chacun de nous à celui qui fut la souche de notre humanité — c'est le traducianisme. Ainsi toutes les âmes de la grande famille humaine, qui ne semble pas près de sa fin, étaient contenues, au moins *virtuellement*, dans l'âme d'Adam et péchaient avec lui.

d) Traducianisme et créatianisme.

Le grand évêque d'Hippone avait le tort de ne pas recourir assez au texte du Nouveau Testament, et de se fier trop à la Vulgate latine qui, dans *Rom.* (V, 12), met *in quo omnes peccaverunt* là où l'original grec doit être traduit *propter quod omnes peccaverunt.* Augustin, conséquent avec lui-même malgré les justes répugnances de sa raison, mais lié par ce qu'il croyait être les exigences de sa foi, mettait dans le feu de la géhenne même les enfants morts sans baptême : ils avaient péché en Adam *in quo omnes peccaverunt;* cependant comme ces êtres innocents n'avaient pas de péché personnel ordinaire, la peine du feu était mitigée pour eux, mais malgré tout c'était la peine du feu.

e) Grandes qualités et petits défauts de saint Augustin.

On est étonné de trouver une telle façon de voir dans un si grand esprit et un caractère si doux. Mais il ne connaissait pas, peut-on dire, les Pères grecs pourtant si illustres et des Pères latins ses contemporains, formés eux aussi sur les Pères grecs, il n'avait qu'une faible connaissance; il devait donc tout tirer de lui-même. C'était trop même pour ce puissant esprit, dont la pensée, au milieu d'occupations sans nombre, ne demeurait jamais stationnaire, mais se modifiait sans cesse, comme le montre la lecture de ses ouvrages et comme il l'indique lui-même dans ses Rétractations (*iterata tractario*). Au reste la pensée d'Augustin sur le péché originel n'est qu'une faible partie de ce qu'il a pensé et écrit dans sa lutte contre le Pélagianisme, lutte d'où il sortit Docteur de la Grâce, où il prouva la distinction de la Nature et de la Surnature en nous, la nécessité de la grâce pour nous élever à l'état de la Surnature et l'absolue gratuité de cette même grâce. Ici, dans un sujet tout nouveau et où il travaillait *seul,* Augustin égala, si même il ne les dépassa pas, les Pères grecs les plus illustres travaillant à *plusieurs* sur la Trinité ou Théologie et sur l'Incarnation, appelée encore Christologie ou Economie.

f) Le volontaire dans le péché originel : attribution.

Saint Augustin ne fut pas suivi unanimement dans son traducianisme qui répugnait par trop à la pensée chrétienne et avait des adversaires de plus en plus redoutables; on lui préféra le créatianisme. Mais pour que l'âme, sortie pure des mains du Créateur, ne vint pas se souiller, sans qu'il y eut de sa faute, en s'unissant à un corps impur, il fallut abandonner la notion augustinienne du péché originel, que le saint Docteur faisait consister dans la concupiscence ou tendance naturelle au mal : ceci fut suivi plus longtemps que le traducianisme ; pour saint Thomas encore, la concupiscence, sans être la forme du péché originel, en demeure néanmoins la matière (*Summ. th. 1a, 2æ,* q. 82, art. 3). Les âmes humaines n'ayant jamais existé dans celle d'Adam, le *volontaire* de chacun de nous manquait à notre tache originelle pour qu'elle fût un péché véritable, et cependant il fallait qu'il en fût ainsi. Le volontaire qui manquait à cette tache, on le lui donna par attribution ; Adam, père de la grande famille humaine, fut censé avoir péché pour tous ses descendants. Le traducianisme était irrationnel ; l'*attribution* qui le remplaça paraît à première vue immorale ; on ne peut rendre quelqu'un responsable d'un acte dans lequel il n'entre rien de sa volonté et dont les conséquences peuvent être sans fin dans l'au delà.

g) Sort des enfants morts sans baptême.

Mais ce qui remettait bien des choses en place, c'est le fait qu'on ne condamnait plus au feu de la géhenne ceux qui mouraient avec le seul péché originel : ils étaient cependant avec les damnés pour péchés personnels, mais non soumis aux mêmes peines, ainsi qu'il est dit dans la Bulle « *Lætentur cœli* », publiée par Eugène IV, au Concile général de Florence. Depuis lors, la pensée catholique tend à adoucir le sort de ces déshérités et sans les sortir de l'enfer — qu'on suppose toujours être un lieu de même que le ciel, alors que ce ne sont peut-être que des états, comme cela paraît être le cas pour les anges — on les place dans les Limbes, où ils mèneront sans fin une vie préférable à la non-existence. Le péché originel n'est donc plus puni par la peine du feu, il l'est cependant par la perte de la Béatitude, perte immense, qui ne peut toutefois être bien sentie et appréciée par ceux qui n'y ont jamais goûté.

h) Diminution du volontaire dans le péché originel.

La notion du péché originel comme péché proprement dit en chacun de nous à cause du volontaire que nous y avions mis, soit par *traduction,* soit par *attribution,* cette notion, disons-nous, se fait encore sentir, mais fort atténuée, au Concile de Trente dans le décret sur le péché originel (*Sess.* V), bien qu'elle fût encore soutenue par des théologiens de renom. La notion en question alla toujours s'atténuant, et aujourd'hui le péché originel n'est plus un péché personnel au sens propre de ce mot et dans lequel doive se trouver la volonté du pécheur, c'est, dit-on, un péché de la nature humaine, et il est en chacun de nous uniquement parce que nous participons à cette nature, qui a été viciée toute entière dans le premier couple humain qui la représentait.

i) Nature du péché originel

Le vice de la nature qui constitue le péché originel n'est pas la concupiscence, comme le pensait saint Augustin — penchant au mal qui, après le baptême, n'aurait plus été imputé à péché, à moins qu'on ne le suivit — mais, communément, depuis saint Anselme, c'est la privation de grâce sanctifiante, grâce que postule la nature à cause de sa destination gratuite à l'état surnaturel. Cette privation de grâce est pour saint Thomas (*loc. sup. cit.*) le *formel* ou partie constitutive du péché originel.

j) Triple effet du péché d'Adam.

Le mystère du péché originel a changé en même temps que la notion qu'on s'en est formée: désormais il ne s'agit plus de savoir comment nos volontés ont pu pécher en Adam, mais pourquoi la faute d'Adam a été cause, comme on dit, que nous naissons privés de la grâce sans laquelle nous ne pouvons pas être établis dans l'état surnaturel auquel, pourtant, nous sommes destinés. Nous avons vu que le péché a deux effets dans son auteur, l'un de le rendre passible d'une punition sans fin et celui-là ne peut pas s'étendre à autrui, l'autre d'affaiblir la vigueur morale du pécheur et celui-là peut s'étendre à autrui, à la descendance du coupable par voie d'hérédité et à ceux qui l'entourent par la persuasion du mauvais exemple. Le péché d'Adam dans le Jardin aurait eu un troisième effet, celui d'enlever à sa postérité le droit, que Dieu lui avait d'abord conféré, de naître dans l'état de grâce. Comme le surnaturel en nous est absolument gratuit de la part de Dieu, notre nature ni ne l'exigeant ni ne pouvant l'exiger, Dieu aurait pu nous accorder de naître dans l'état de grâce, mais à condition que le premier représentant de l'humanité lui demeurât fidèle, sinon le don accordé était retiré.

k) Justice et sagesse de Dieu à propos du péché originel.

Le surnaturel ne nous étant dû en rien, la souveraine Justice peut nous l'accorder aux conditions qu'il lui plaira. Mais si la justice de Dieu n'est pas ici en cause, peut-on en dire autant de sa sagesse? Chaque membre de la famille adamique peut, quand il est pleinement responsable, ne pas se mettre dans le cas de mériter une punition éternelle, c'est librement qu'on commet une faute mortelle: quiconque se damne pour l'au delà ne doit s'en prendre qu'à soi-même. Mais que d'enfants morts sans baptême avant et depuis le Christ, et probablement aussi que de grandes personnes mortes avec le seul péché originel ont été, sont et seront pour jamais privées de la Béatitude céleste, sans qu'il y ait de leur faute en quoi que ce soit. En face de ces constatations, on est porté à se demander s'il était bien sage de mettre entre les mains d'un couple probablement adolescent et en tout cas inexpérimenté, le gage de la Béatitude à laquelle tant d'innocents étaient destinés. Dieu avait fait et il continue de faire l'homme à son image: or, pour ces déshérités dont nous venons de parler, ne dirait-on pas qu'il n'a pas voulu achever son œuvre? Dieu ne fait rien sans raison, il est lui-même la Suprême Raison. Il nous faut donc voir si notre venue au monde avec privation de grâce a vraiment pour cause la faute du premier ancêtre, si elle n'a pas une cause plus profonde et plus générale et, en même temps, plus conforme à la nature des choses. D'ailleurs, quelles que soient nos conclusions, toujours problématiques en pareille matière, elles ne contrarieront en rien la pratique de l'Eglise: les enfants, morts avant l'âge de raison, n'auront entrée dans le ciel que s'ils sont baptisés; les adultes ne pourront être incorporés au Christ et devenir ses cohéritiers dans la gloire (*II. Cor.* V, 17; *Rom.* VIII, 17) que par le baptême, au moins par le baptême de désir, si l'autre n'est pas possible. Nous pouvons maintenant essayer une réponse à chacune des quatre questions qui ont été posées plus haut. Nous appellerons péché originel la privation de grâce avec laquelle toute la descendance d'Adam est venue, vient et viendra au monde jusqu'à la fin des temps. On supposera que l'humanité descend d'un seul couple primitif; on ne négligera pas l'hypothèse d'une descendance *possible* de plusieurs couples primitifs pour notre humanité et quelles modifications il faudrait apporter en ce cas à la doctrine du péché originel.

1° Le péché originel d'après l'Ecriture des deux Testaments.

Dans *Gen.* III, on raconte la faute de nos premiers parents et la punition qui leur est infligée, mais on ne dit rien de ce qui en résultera pour leur descendance. Dans *Gen.* VIII, 21, il est dit que le fond du cœur de l'homme est porté au mal dès sa jeunesse, mais on ne dit pas que cette tendance vient d'Adam, d'ailleurs, une tendance n'est pas un péché. D'après *Gen.* II, 7, Dieu *façonne* l'homme avec de la poussière; or, dans J., auquel appartiennent nos deux textes, c'est de la même racine *itsr* qu'on tire le verbe *iatsar* (façonner) et le nom *ietser, fond* principal de ce qui est façonné: ainsi cette tendance au mal tient à la nature même de l'homme qui est créature. Adam, sorti immédiatement des mains du Créateur, était dans un équilibre moral parfait, mais instable, comme le prouva sa chute: il était créature!

aussi Job va-t-il jusqu'à dire (IV, 18) que Dieu ne se fie pas à ses serviteurs et qu'il a mis de la folie — folie est un péché dans l'Ecriture — dans ses anges eux-mêmes. Donc, nous n'avons rien dans la Genèse qui nous parle du péché *originel.*

Dans *Job.* XIV, 4, on lit dans le grec: personne n'est pur de souillure, pas même l'enfant dont la vie n'est que d'un jour. Saint Jérôme a traduit: *Quis potest facere mundum de immundo conceptum semine? Nonne tu (Deus) qui solus es?* Or, l'hébreu actuel doit se traduire: Qui peut tirer le pur de l'impur? Personne. On pourrait soutenir que l'auteur de Job avait idée du péché originel, si la traduction grecque rendait exactement le texte hébreu, qui aurait varié depuis; mais l'imprécision des versions anciennes nous laisse dans l'incertitude. Passons donc plus loin.

Dans le beau Psaume LI, qui a des chances d'être postérieur à Job et qui date du ve siècle avant Jésus-Christ, nous lisons au V, 7: J'ai été conçu dans l'iniquité et ma mère m'a enfanté dans le *péché.* Il semble bien qu'ici on a enfin le vrai péché originel. Or, dans cette belle poésie où les deux membres du verset se balancent si bien, *péché* fait pendant à *iniquité* et ces deux termes ont un sens analogue; mais péché signifie, dans l'hébreu ici employé, soit faute, soit victime expiatoire de cette faute, soit encore tendance à la faute, comme il apparaît pour ce dernier cas dans *Gen.* IV, 7, où Iahevéh dit à Caïn irrité contre son frère: le péché est couché à ta porte et sa tendance est vers toi. Donc, le verset de notre Psaume peut aussi se traduire: j'ai été conçu avec tendance à l'iniquité et ma mère m'a enfanté avec propension au péché. Et même ce dernier sens cadre mieux avec le sujet du Psaume, dans lequel David est censé parler et demander pardon à Dieu de son adultère: le péché commis est un péché, tandis que la propension *naturelle* au mal atténue la faute commise. Le psaume pourrait faire allusion aussi à l'impureté légale mentionnée dans *Levit.* XV, 18.

Le passage déjà étudié du Siracide (*Eccli.* XXV, 23) doit être traduit: le péché a commencé par la femme, et non: la femme a été la source du péché, comme font quelques-uns en forçant le sens du texte; la femme était trop peu de chose dans les anciens récits bibliques bien connus du fils de Sirach, pour qu'il attribuât à la femme ce qui n'aurait pu convenir qu'à l'homme et que nous ne lui avons pas vu attribué dans l'Ancien Testament. La Sagesse (II, 23-24) nous dit bien que la mort est entrée dans le monde par la jalousie du diable, mais la mort n'est pas le péché, encore moins le péché transmis. Passons donc au Nouveau Testament.

Les Evangiles ne parlent point du péché originel. Le petit enfant de *Mat.* XVIII, 1-11, n'avait pas encore de péché personnel, or il est dit à propos de lui que le fils de l'homme est venu sauver ce qui avait péri et cet enfant n'avait pu périr que par le péché originel;

mais le v. 11 n'est pas de *Mat.*, il y a été transporté de *Lc.* XIX, 10, où il s'applique à Zachée qui, vu son âge et son état, n'était pas avec le seul péché originel et comptait parmi ceux qui avaient péri et que le Christ venait sauver; c'est dans saint Paul seulement qu'il est parlé du péché d'origine.

On veut voir le péché originel dans *Eph.* II, 3, quand saint Paul dit: nous étions *par nature* fils de colère comme les autres; ces autres sont les païens dont l'apôtre a énuméré les péchés personnels (*ibid,* 1-2), et que les Juifs ont imités, en accomplissant les volontés de la chair — et la chair est toujours mauvaise chez Paul comme étant opposée à l'esprit — et ils sont ainsi devenus enfants de colère ou passibles des châtiments divins, parce qu'ils ont suivi les penchants *naturels* de leur chair. On voit qu'il n'est ici question que de personnes coupables de fautes personnelles; mais ont-elles ou n'ont-elles pas eu un péché originel, on n'en dit mot. Passons donc à *Rom.* V, 12-21, déjà tant de fois cité.

Les théologiens, depuis longtemps, trouvent une doctrine complète du péché originel dans ce célèbre passage et ils semblent avoir raison. Il est néanmoins étonnant que les Pères grecs les plus illustres ne s'en soient pas aperçus et même que le grand interprête de l'Ecriture au sens littéral, saint Chrysostome, n'y ait vu que des péchés personnels qui se continuent depuis Adam, le premier pécheur, lequel, par son premier péché, a transmis toutes sortes de maux à son immense descendance, la perte même de l'immortalité, mais non le *péché*. Parmi les Pères latins du IVe siècle, plus que rares sont ceux qui, avant saint Augustin, ont vu le péché originel dans notre texte paulinien. Ce qui est hors de tout doute, c'est que ce beau passage est un parallèle entre le vieil Adam et le Christ, nouvel Adam. Du premier nous tenons en héritage beaucoup de maux à la place de beaucoup de biens perdus et sinon le péché, au moins une violente inclination au péché, contraire aux tendances supérieures de notre nature et dont l'apôtre se plaint si vivement dans sa même lettre au Romains (VII, 15 sq.). Du nouvel Adam, nous recevons plus que nous n'avions perdu par l'ancien, le don de la grâce au lieu de la condamnation à toute sorte de peines, au lieu de la mort, la vie éternelle. Le v. 19 de notre passage est comme une conclusion de ce qui précède et il semble vraiment affirmer l'existence d'un péché qui nous vient du premier ancêtre: « De même que par la désobéissance d'un seul, y est-il dit, les multitudes ont été faites pécheurs, de même par l'obéissance d'un seul les multitudes seront faites justes ». Avant tout, il faut voir dans le morceau entier de l'apôtre la comparaison entre les deux Adam et l'absolue supériorité du nouveau sur l'ancien. Or, Adam nous a fait pécheurs malgré nous, peut-on dire, car qui voudrait être pécheur, s'il ne devait en retirer que des désavantages temporels sans compter ceux de l'au delà? C'est ce qui résulte de notre v. 19, si on l'entend du péché originel. Mais le Christ ne nous fait pas justes sans nous et malgré nous : Adam lui est donc supérieur. Le vrai sens de notre v. est que par la grâce du Christ nous avons plus de tendance vers le bien et surtout plus de force pour l'accomplir que par le péché d'Adam nous n'avons contracté de propension au mal et de faiblesse pour la pratique de la vertu (1).

Au reste, on peut se demander si au début du morceau qu'on vient d'étudier il est question de la mort du corps ou de celle de l'âme. La mort et le péché, surtout l'état de péché, sont souvent une même chose pour Paul, et, par suite, il leur donne même nom (cf. *Rom.* VIII, 6 ; *II. Cor.* VII, 10 ; *Eph.* II, 1 ; *Col.* II, 13, etc.). Il n'est pas impossible que dans *Rom.* V, 12 sq., le sens soit que le péché du premier homme a introduit la mort spirituelle dans le monde et que cette mort a pénétré chez nous parce que tous ont péché. Cette idée de la mort morale introduite dans le monde se trouve déjà dans la Sagesse (II, 23-24), quand il est dit que par la jalousie du diable la mort est entrée dans le monde et que ceux-là l'éprouvent qui sont du parti du diable : il ne peut pas être question de la mort corporelle qui frappe les bons aussi bien que les méchants. On a voulu voir le péché originel dans *Rom.* V, 12-21 en ce qu'il y est dit que la mort a régné même en ceux qui n'ont pas péché de la même manière qu'Adam, ou à la ressemblance de la faute d'Adam, et par là on entend les enfants qui n'ont pas encore atteint l'âge de raison. On suppose qu'il n'y a qu'une seule possibilité de ne pas pécher à la façon d'Adam, celle de ne pas pécher du tout (2) et de là on conclut que saint Paul a enseigné l'existence du péché originel ; or, cette conclusion pourrait être plus large que ses prémisses, donc elle est au moins douteuse, et ce que nous avons dit sur le v. 19 du même morceau nous indique qu'elle n'est pas exacte. Ainsi, nous ne trouvons pas l'existence du péché originel prouvée d'une manière exacte dans l'Ecriture. Passons donc à la tradition qui souvent ajoute des clartés et des compléments à l'Ecriture. Commençons pas la tradition des Pères, mais en nous souvenant que, d'après les Conciles généraux de Trente et du Vatican, elle ne peut s'imposer à nous en choses de la foi et des mœurs que si elle est moralement unanime. Nous nous bornerons aux Pères des quatre premiers siècles, c'est-à-dire aux Pères antéaugustiniens, car, dès les débuts du ve siècle, les Orientaux se bornèrent aux questions christologiques et ne s'intéressèrent pas aux questions de la grâce, auxquelles fut mêlée celle du péché originel et dans lesquelles saint Augustin prit cette part prépondérante qui le plaça à la tête des écrivains de l'Eglise latine.

---

(1) C'est là le vrai sens de *Rom.* V, 19. En effet, d'après *Rom.* VI, 12 et 14, morceau qui est la suite de *Rom.* V, *amertia* signifie tendance au péché. C'est le sens qu'il faut donner à *amartolos*, parent de *amertia*, dans *Rom.* V, 19.

(2) On ne peut pas dire que les descendants d'Adam aient péché « à la ressemblance de sa prévarication ». Adam transgressait un ordre sorti de la bouche même du Créateur, tandis que ses descendants vont seulement contre une loi générale établie par Dieu, ce qui est bien moins grave.

2° Quel a été l'enseignement des Pères sur le péché originel?

Ce n'est que vers la fin du IIe siècle que nous avons des auteurs qui nous parlent du péché d'Adam et de ses effets sur sa descendance, saint Irénée en grec, et Tertullien en latin. Le premier nous fait tous pécheurs en Adam avec lequel nous ne faisons qu'un et justes avec le Christ si nous devenons les membres de son corps mystique (*I. Cor.* XII, 27). C'est une belle antithèse, vraie dans son second membre, mais l'est-elle aussi dans son premier? L'Africain admet la chute de notre nature en Adam, mais sans transmission de faute à sa descendance, sinon il ne dirait pas de l'enfant nons encore baptisé que c'est un ange innocent (*innocens ætas*) ainsi que nous l'avons déjà vu plus haut.

Après saint Irénée, les Pères grecs des IIIe et IVe siècles, quand ils parlent sur des textes tels que *Job.* XIV, 4 — d'après la Bible grecque — *Ps.* LI, 7, et surtout *Rom.* V, 12-21, ou ne disent mot du péché originel ou ne parlent que de la déchéance de notre nature ou des péchés personnels de notre espèce. Dans ce travail, déjà long en lui-même, mais court pour la matière à traiter, on ne peut pas citer les textes patristiques sur lesquels nous fonderons nos conclusions, mais on trouvera ces textes dans le travail de Turmel (1) sur le péché originel, publié dans la *Revue d'histoire et de littérature religieuse* (année 1900 et sq.). Celui qui écrit les présentes lignes a vérifié jadis ces textes et les a trouvés exacts, ce qui ne l'empêche pas de penser autrement que Turmel — dont il estime le travail — sur le péché de notre origine. On peut dire avec les savants jésuites Pétau et Garnier, du XVIIe siècle, que les Pères grecs des quatre premiers siècles ont à peu près ignoré le péché originel. Quelques-uns de ces Pères, même de grande envergure, tels que Athanase et Basile le Grand, parlent bien de péché, mais rien qu'en passant et d'une manière qui manque de clarté. Quant aux Pères latins, contemporains des Pères d'Orient, que nous venons de considérer, les uns avec Irénée, qui fut presque aussitôt traduit en latin, voient le péché d'Adam transmis en héritage à ses descendants; d'autres avec Tertullien ne voient transmise que la corruption de la nature; quelques-uns y voient l'un et l'autre, péché et corruption. Les autorités des Pères latins se trouvent, comme celles des Pères grecs, dans le travail déjà indiqué de Turmel. Or les textes de l'Ecriture ci-dessus cités, qui paraissent indiquer l'existence du péché originel, n'ont pas plus attiré l'attention des Pères latins qu'ils n'avaient attiré celle des Pères grecs. L'Ambrosiaster, seul, au IVe siècle, voit le péché originel dans *Rom.* V, 12-21.

(1) M. Turmel a été condamné, et, paraît-il, d'une façon méritée. Toutefois il ne s'agit pas, dans ce travail, de la pensée de M. Turmel, — on a la pensée contraire. — mais seulement des textes qu'il a cités, qu'il serait trop long de citer ici, et qui ont été vérifiés par l'auteur du présent travail. Il se contente de renvoyer là où on pourra les trouver.

Cet auteur se base sur la traduction défectueuse de *Rom.* V, 12, où il est dit *in quo omnes peccaverunt,* alors qu'il faudrait mettre *propter quod omnes peccaverunt.*

En somme, les Pères tant latins que grecs, et surtout ces derniers, nous voient transmise par Adam la corruption ou déchéance de la nature. Quant à la transmission du péché, les Pères grecs sont très sobres à en parler; les Pères latins en parlent un peu plus, mais sans excès. Nous n'avons pas unanimité, pas même unanimité morale, en une matière qu'on a l'habitude de regarder comme dogmatique. Ajoutons que le péché dans l'Ecriture est maintes fois inclination au péché: nous l'avons déjà vu pris en ce sens dans *Gen.* IV, 7, à propos de Caïn. On le trouve plus souvent encore dans saint Paul: c'est ce qu'on voit dans *Rom.* VI-VII, « nous ne devons pas obéir aux convoitises du péché; le péché ne dominera pas sur nous qui sommes sous la grâce; vous étiez esclaves du péché; je suis charnel et esclave du péché, faisant le mal que je hais et non le bien que j'aime, etc., etc. » Habitués au langage de l'Ecriture, les Pères ont pu, dans les endroits où ils ne parlent qu'en passant du péché qui nous vient d'Adam, écrire péché pour inclination au péché. C'est ce qui est arrivé à saint Ambroise, quand il dit que le baptême efface les péchés personnels et que le péché héréditaire est effacé par les bonnes œuvres. En nous conférant la grâce, le baptême efface les péchés personnels; il pourrait effacer aussi le péché originel si nous l'avions commis tous en Adam et avec Adam, comme le pensa saint Augustin et d'autres à sa suite; et si ce péché n'est que privation de grâce sanctifiante, comme on le pense avec raison depuis saint Anselme, le baptême l'efface naturellement en nous conférant la grâce qui nous manque. Pour que le baptême ne puisse pas effacer le péché héréditaire de saint Ambroise, il faut que ce péché soit une inclination au mal : alors, en effet, les actions vertueuses détruisent cette inclination en créant une habitude contraire. Ce péché, qui n'est qu'une tendance au péché, se trouve dans saint Augustin lui-même, qui pourtant fait passer le péché d'Adam en chacun de ses descendants avec le caractère de péché véritable méritant d'être puni sur chacun de nous en toute rigueur de justice. Pour saint Augustin, en effet, le péché originel c'est la concupiscence, par conséquent l'inclination au mal: cette concupiscence nous est imputée à péché avant le baptême; elle cesse de l'être après la réception du sacrement, à moins que nous n'obéissions à ses convoitises, c'est-à-dire à moins que nous ne commettions un péché personnel. Il paraît un peu extraordinaire à première vue que la concupiscence, qui existe après le baptême comme avant, cesse alors d'être péché. Aujourd'hui que le péché originel est pour nous *privation de la grâce,* la concupiscence demeure comme inclination mauvaise après le baptême aussi bien qu'avant, mais la présence en nous de la grâce baptismale nous fortifie dans la lutte que nous avons à soutenir contre elle. On le voit, l'unanimité patristique existe dans les quatre premiers siècles pour la déchéance de notre nature en Adam, c'est-à-dire pour tout ce qu'un péché a de transmissible soit par l'hérédité, soit par la contagion du mauvais exemple. Quant à la transmission de ce que le péché a de personnel et qui mérite *juste* punition pour le pécheur et pour le pécheur *seul*, l'unanimité des Pères nous fait défaut. Que nous venions au monde avec absence de grâce, tous les Pères considérés l'admettaient, puisque tous admettaient la nécessité du baptême même pour les enfants comme condition d'admissibilité au ciel. Pour ce qui est de la cause de cette absence de grâce à notre naissance, on la cherchait en Adam pécheur dans le Jardin et il n'était guère possible de remonter plus haut; mais nous avons vu que l'Ecriture, qui a qualité pour parler ici, ne favorise pas cette façon de voir, pour laquelle, d'ailleurs, nos contemporains ont une répugnance motivée. Voyons donc ce que la pratique de l'Eglise nous dit là-dessus.

3° Que nous enseigne la pratique de l'Eglise sur le péché originel ?

L'Eglise a toujours approuvé le baptême hâtif des enfants appartenant à des parents chrétiens : ce que saint Paul écrit aux fidèles d'Ephèse (VI, 4) et à ceux de Colosses (III, 21) sur l'éducation de leurs enfants, suppose ces enfants encore jeunes et pourtant baptisés ou, au moins, destinés à être baptisés. De même, quand (*I. Cor.* VII, 12-14) il dit à l'un des époux convertis de demeurer avec l'autre encore païen, mais pacifique; « car, dit l'apôtre, l'époux fidèle sanctifie l'époux infidèle; sinon vos enfants seraient impurs, or, maintenant, ils sont saints », c'est-à-dire chrétiens selon le langage bien connu de saint Paul: ces enfants n'avaient pu être purifiés que par le baptême que la partie fidèle ne pouvait pratiquement leur faire administrer que s'ils n'étaient pas trop âgés. A la fin du IIe siècle, Tertullien avait beau crier contre le baptême des tout jeunes enfants, qui ne savaient pas ce qu'ils recevaient, les parents n'en portaient pas moins leurs enfants au baptême et saint Cyprien était avec eux, ne suivant plus ici celui qu'il appelait le maître. L'Eglise justifiait sa pratique par la parole du Sauveur dans le quatrième Evangile (III, 5): « si l'on n'est pas né de l'eau et de l'esprit, on ne peut pas entrer dans le Royaume de Dieu ». De cet oracle, on ne concluait pas seulement la légitimité du baptême des enfants, mais encore sa nécessité s'ils étaient en danger de mort. De cette nécessité, quelques-uns, mais en nombre plus que restreint, des Pères ci-dessus considérés, concluaient que ces enfants avaient un péché, le baptême remettant les péchés d'après le symbole de la foi, et ce péché ne pouvait que leur venir d'Adam. Ici la conclusion dépassait les prémisses : ces enfants n'avaient pas la grâce ou parce qu'ils ne l'avaient pas reçue ou parce qu'ils l'avaient perdue, ils l'avaient donc perdue par le péché d'autrui. Or, nous avons vu que ce n'est pas fondé dans l'Ecriture. La nécessité du baptême pour tous est basée sur la parole citée du Christ et le Christ justifie sa parole en ajoutant immédiatement (*ibid.* 6) que « ce qui est né de la chair est chair, et ce qui est né de l'esprit est esprit ». Dans saint Paul, la chair est toujours mauvaise parce qu'elle est opposée à l'esprit (*Gal.* V, 17); dans saint Jean, elle n'est qu'inférieure à l'esprit et tout au plus inutile (*Joan.* VI, 63). Notre naissance naturelle ne nous élève pas jusqu'au ciel, bien que le Sauveur n'y attache rien de mauvais et ne dise mot sur le péché d'Adam. Nous avons besoin du baptême, c'est-à-dire de la grâce qu'il confère, pour entrer dans le ciel, parce que nous naissons homme.

On voit qu'il y a un lien naturel entre la nécessité du baptême des enfants et la déchéance primitive de notre nature, mais ce lien n'est pas nécessaire, car si c'est du péché d'Adam que résulte la déchéance de notre nature, l'absence de grâce à notre naissance ne s'explique pas nécessairement par ce péché. D'autres explications sont possibles, elles seront données à la fin de ce travail. L'erreur pélagienne, contre laquelle on lança la nécessité du baptême des enfants, vint encore compliquer la question du péché originel. En résumé, Pélage soutenait que notre nature, telle qu'elle est sortie des mains du Créateur, pouvait atteindre une haute perfection morale si elle voulait s'en donner la peine; il lui venait aussi quelque secours des enseignements et des exemples du Christ. S'il en était ainsi, la nature n'avait donc pas subi de déchéance primitive, et la prière était inutile, car, à quoi bon demander ce dont on n'avait pas besoin? C'était choquer l'élite des fidèles si ardents à adresser leurs prières au ciel; d'ailleurs, la prière est une des choses les plus recommandées dans toutes les Ecritures. Puis, que devenait le fruit de l'Incarnation? Le Christ n'était que notre modèle, il n'était pas notre Rédempteur, puisque nous n'avions pas besoin de rédemption. Et que devenait la grâce du Christ répandue dans ce qu'il y a de plus intime en nous, dans nos cœurs, par le don de l'Esprit-Saint (*Rom.* V, 1-5). C'était dire ou que le surnaturel n'existe pas ou qu'il est identique à la nature. Contre cet amas d'erreurs, on opposa la tradition de l'Eglise dans la pratique de la prière et dans le baptême des enfants. C'est en ce dernier point que la controverse pélagienne et la doctrine du péché originel entrèrent en contact. De même qu'on disait aux Pélagiens: A quoi bon demander par la prière le secours d'en haut si nous n'avons besoin de rien? De même leur répétait-on: A quoi bon baptiser les enfants si notre nature n'a pas subi de déchéance primitive, puisque ces êtres innocents n'ont pu la détériorer par des péchés personnels? La nécessité du baptême est nettement indiquée par la parole du Sauveur citée dans le quatrième Evangile: le sacrement de la régénération ajoute à notre nature quelque chose qui lui était nécessaire pour atteindre sa fin, que cette ajoute fût naturelle ou surnaturelle: comme nous l'avons vu, c'est ce dernier cas que marque la parole du Christ. Pour se tirer de ce mauvais pas, l'erreur pélagienne distingua entre le Royaume de Dieu et la vie éternelle: la nature suffisait pour la vie éternelle, il fallait le baptême pour le Royaume de Dieu. Mais c'était une distinction puérile. Dans *Mc.* X, 17-27, un jeune homme demande à Jésus ce qu'il faut faire pour acquérir la vie éternelle; le Christ lui répond, le jeune homme part attristé de la réponse; alors le Christ de dire: Combien difficilement un riche, se confiant en ses richesses, entrera dans le Royaume de Dieu. *Mat.* et *Lc.* disent la même chose sur le même jeune homme, sauf que dans *Mat.*, Royaume de Dieu et remplacé par royaume des cieux, changement qui a lieu partout dans le premier Evangile.

En alléguant contre les Pélagiens la pratique de baptiser les enfants, on sapait leur erreur par la base. Pour les premiers chrétiens, pas plus que pour nous, le baptême n'était une vaine cérémonie : il nous revêtait du Christ et faisait de nous une nouvelle créature (*II. Cor.* V, 17; *Gal.* III, 27). Il ajoute donc à notre nature des qualités transcendantes qu'elle n'avait pas, non pour les avoir perdues (c'était impossible en ces enfants incapables de pécher) mais pour ne les avoir pas encore reçues. Le baptême ne fait pas que remplir de grâce les vides qu'il en rencontre dénués, il remet aussi les péchés et même le premier baptême, décrit dans les Actes, est donné pour la rémission des péchés (II, 37-38); mais les baptisés n'étaient pas des enfants, puisqu'ils étaient contrits de cœur. Si le baptême avait eu à remettre des péchés aux enfants, il n'aurait pu remettre que des péchés d'autrui, et, parmi eux, le péché du premier ancêtre, car on n'a jamais pensé à aucun autre. Or, répétons-le une dernière fois, nous n'avons rien dans l'Ecriture qui nous montre la descendance d'Adam coupable dans chacun de ses membres du péché commis par le premier ancêtre dans le Jardin. On dira peut-être que quelques auteurs des quatre premiers siècles parlent du baptême conféré aux enfants pour la rémission des péchés, mais ils sont rares, de peu d'envergure, et n'en parlent qu'en passant: ce n'est pas Tertullien qui parlerait de péché à effacer à propos de l'*innocens ætas;* de même saint Grégoire le théologien, qui dit que les enfants non baptisés ne sont ni bons ni mauvais, c'est-à-dire sont sans faute et sans grâce; de même saint Grégoire de Nysse et saint Cyrille de Jérusalem, qui font des catéchèses entières sur le baptême, sans dire un mot du péché originel. Inutile de rappeler ce que nous avons dit sur saint Ambroise et sur saint Chrysostome. Et puis, nous l'avons vu, qu'entendait-on par le péché que le baptême avait à remettre aux enfants? Ce n'était bien souvent que l'inclination au péché. Saint Augustin lui-même, qui tenait si fort à la présence du péché d'Adam chez tous ses descendants, faisait consister le péché originel dans la concupiscence, qui n'est qu'une inclination au mal.

Concluons: la pratique de baptiser les enfants fournit matière à une réfutation complète du Pélagianisme, mais elle ne sert en rien à prouver l'existence du péché originel, tant qu'on n'a pas fait voir que le péché d'Adam est passé à sa postérité, mais le péché au sens propre de ce mot, car alors la privation de grâce dans laquelle nous naissons proviendrait de ce péché. Jusqu'à présent, le mystère du péché originel demeure: pourquoi venons-nous au monde privés de l'état de grâce et incapables d'entrer au ciel, pour lequel, cependant, nous avons été créés. Passons enfin aux définitions de l'Eglise au Concile général de Trente contre les protestants.

4° Que nous apprennent les définitions de Trente sur le péché originel ?

C'est dans sa huitième session, la deuxième qui ait produit des décrets, que le Concile a traité la matière du péché originel. Il est à remarquer que dans cette session, à l'encontre de ce que l'on fit dans toutes les sessions suivantes, on ne sépara pas les définitions de leurs preuves, tant scripturaires que patristiques et autres. Or, on sait que l'infaillibilité de l'Eglise (*in rebus fidei et morum*) n'est pas fondée sur les preuves qu'elle emploie — ce n'est pas à dire que ces preuves soient dénuées de valeur — mais sur l'autorité divine dont elle jouit en pareil cas, assistée qu'elle est par le Christ (*Mat.* XXVIII, 19-20). Il faudra donc faire ici le départ entre ce qui est définition et ce qui n'en est que le guide.

Une autre remarque plus importante encore s'impose ici avant d'entrer dans l'étude des documents conciliaires, remarque qui a une portée générale et vaut pour l'étude de tous les documents de même nature que celui qui nous occupe: dans les Conciles généraux, les Pères ont devant les yeux les erreurs bien connues dont la condamnation est le dernier et suprême moyen d'en arrêter la propagation parmi les fidèles. Ce sont donc ces erreurs que visent et condamnent les canons conciliaires, dont, dès lors, on n'a pas le droit d'étendre la signification hors du champ des erreurs condamnées, car ce serait engager l'Eglise alors qu'elle ne s'engage pas. Il faudrait que les Pères disent que leurs canons ne sont pas limités par les erreurs visées. Or, ceci n'a été jamais fait. Le dogme catholique n'en gagne pas moins toujours quelque précision par la condamnation des erreurs, mais cette précision est *négative:* on dit que le dogme n'est pas telle ou telle chose, mais on ne dit pas ce qu'il est. En condamnant Nestorius d'abord, et Eutychès ensuite, on dit que le Christ, à la fois Dieu et homme, n'était pas *un* à la manière dont l'entendait Nestorius, ni à celle dont le voulait Eutychès: mais comment était-il *un?* On ne le disait pas, on ne savait pas le dire, c'est un *mystère*. Au moyen âge, les Dominicains et les Franciscains avaient des théories, différentes, mais non opposées, pour expliquer comment le Christ n'était qu'une personne et une personne divine, quoique il possédât en même temps la nature de Dieu et notre nature. Ces théories valent ce qu'elles valent, mais comme ces théories ne détruisaient ni n'altéraient l'unité personnelle du Christ, elles ne furent jamais condamnées; il ne s'en suit pas qu'elles s'imposent à la croyance des fidèles; ce sont des opinions libres, très nombreuses chez les anciens théologiens plus occupés à spéculer sur le dogme qu'à défendre le dogme qui, d'ailleurs, n'était pas attaqué. Entrons donc en matière en exposant le dogme catholique sur le péché originel et la pensée protestante officielle sur la même matière au XVIe siècle.

Voici en quoi consiste ici le dogme catholique: Quoique destinés au ciel, dans lequel on ne peut entrer sans être en état de grâce, nous naissons cependant *privés* de la grâce, tous, depuis Adam qui ne *naquit* pas, mais fut créé; le baptême est nécessaire à tous pour obtenir la grâce dont nous naissons privés. De cette expression du dogme catholique il résulte que le péché originel est privation de grâce sanctifiante ou de sainteté et de justice dans lesquelles Adam avait été sinon créé, au moins établi assez tôt après. Quelle est la cause de cette privation? Là commencent les opinions; la cause, dit-on communément, c'est le péché d'Adam dans le Jardin. Mais nous avons vu que l'Ecriture ne dit rien de précis là-dessus; l'unanimité patristique n'existe en aucune manière sur le même point et la pratique elle-même de l'Eglise à propos du baptême des enfants ne permet pas de le conclure. Puisque l'humanité toute entière descend d'Adam coupable, n'aurait-on pas fait le raisonnement si commun et si commode: *Post hoc, ergo propter hoc?* D'ailleurs, la connaissance de la cause, ici, était et demeure sans utilité pratique et par conséquent sans importance. C'est ce qui explique qu'aucun Père n'ait fait une étude suivie sur cette matière avant saint Augustin; encore celui-ci n'y fut-il amené que par ses travaux beaucoup plus étendus et plus importants sur le Pélagianisme. On insista, et avec raison, sur la nécessité du baptême des enfants pour réfuter le Pélagianisme. Mais quand on veut étendre à tous les baptisés la phrase du symbole « *Confiteor unum baptisma in remissionem peccatorum* », on oublie que ce symbole date tout au plus de 381 et qu'il n'eut guère de vogue, au moins en Occident, qu'après que saint Grégoire eut reconnu comme Concile général (vers 600), le Concile plénier d'Orient, tenu à Constantinople en 381. Le symbole est dirigé surtout contre les erreurs trinitaires ayant trait à la personne du Fils et du Saint-Esprit. Or, il serait dangereux d'étendre l'approbation du Pape au delà des visées du Concile.

Pour les protestants, le péché originel, d'après la confession d'Augsbourg complétée, consistait dans la perte des facultés naturelles de craindre Dieu et d'avoir confiance en lui; à ces pertes s'ajoutait le gain *négatif* de la concupiscence. Cette doctrine était une conséquence de l'enseignement de Luther sur l'état du premier homme avant son péché: il n'avait que des vertus ou forces naturelles. Par son péché, ces forces furent ou détruites ou affaiblies en lui, au point de le rendre incapable de connaître Dieu et le devoir. Ce que le péché d'Adam nous avait fait perdre n'était donc pas la justice ou la sainteté ; c'était ce qu'Adam avait lui-même perdu, des facultés naturelles; ces facultés, le baptême, évidemment, ne pouvait pas les rendre ni à l'homme fait ni à l'enfant. Au reste, et c'était le point capital du protestantisme, ce qui justifie l'homme, c'est *la foi* ferme ou *confiance* pleine que le Christ s'est chargé de tous nos péchés et a pleinement satisfait pour eux à son Père, de sorte qu'ils ne peuvent plus nous être imputés devant Dieu : ainsi, la justification, c'est la *non-imputation:* elle est externe et couvre le péché, mais elle ne pénètre pas à l'intérieur où réside le péché qu'elle laisse subsister tout entier. Quel que fût le nombre des péchés commis, le Christ s'en était chargé, on n'avait donc rien à craindre en comparaissant devant le Père après la mort. C'était abuser de la Rédemption par le Christ et se laisser aller en toute sécurité à l'immoralité et au dévergondage, ce que ne manquait pas de faire Luther avec ses plus fervents disciples, affirmant que, depuis la faute d'Adam, la concupiscence était irrésistible. Ce que nous avons dit de la doctrine protestante sur le péché originel se trouve avec documents dans la Symbolique de Mœhler (tome 1er de la traduction française). Ce qui a trait à la personne de Luther se trouve dans le Luther de Denifle. Après l'exposition des deux doctrines, dogme catholique et erreur protestante, il y a lieu de faire une remarque importante, c'est que, malgré leurs différences irréductibles de pensée sur la nature du péché originel, sur le mode et l'étendue de sa rémission, les deux parties ne différaient en rien sur la cause du mal et sur sa transmission : tout nous venait du péché d'Adam dans le Jardin ; les Pères de Trente n'avaient donc rien à condamner ici. Ils auraient pu dire dans quel sens et jusqu'à quel point Adam avait été cause du mal ; mais au lieu de défendre le dogme catholique violemment attaqué sur tous ses points les plus pratiques pour les fidèles, sources de la Révélation (Ecriture et Tradition), nature de la Justification, moyens qui nous la confèrent (Sacrements), toutes choses inattaquées, peut-on dire, jusqu'à cette époque et par suite non étudiées, encore avec la précision nécessaire pour séparer nettement la vérité de l'erreur, au lieu donc de défendre le dogme catholique, disons-nous, les Pères de Trente auraient fait de la théologie, et en un point où la théologie était alors comme elle l'est encore aujourd'hui, parfaitement inutile, même en supposant qu'elle fût possible grâce à des données suffisantes. En ce point, les Pères ont parlé comme on parlait alors dans tout le monde ecclésiastique, même le plus instruit. En tout cas, ils n'ont pas défini ; les catholiques et les protestants n'étant point ici en opposition, il n'y avait rien à définir.

Examinons maintenant les cinq canons de Trente (*Sess.* V.) sur le péché originel. Dans le premier canon on définit que par son péché, Adam a perdu la justice et la sainteté dans laquelle *il avait été établi* — nous aurons à revenir plus tard sur la partie soulignée. On voit que l'effet du péché d'Adam sur Adam lui-même, effet qui nous serait transmis, n'est pas la perte d'une faculté naturelle, comme l'affirmaient les protestants, mais la perte de la grâce surnaturelle qui nous rend justes intérieurement et devant Dieu et aptes à être admis au ciel. Le même canon ajoute qu'Adam perdit l'immortalité. Nous avons vu dans quel sens cette immortalité était possible et combien même elle était désirable pour notre espèce. Enfin, notre canon termine en disant qu'Adam fut endommagé tout entier, dans son corps et dans son âme. La perte de l'immortalité, entendue comme il faut l'entendre, endommageait gravement le corps du premier ancêtre et, par voie d'hérédité, le corps de tous les individus de son immense descendance. Une faute affaiblit *moralement* son auteur, surtout si c'est une faute de la chair, comme paraît avoir été la faute du premier couple dans le Jardin; les instincts sensuels s'exaltent en pareils cas contre les tendances supérieures de la raison qui résiste avec peine et, souvent fatiguée de la lutte, laisse agir à leur gré les parties inférieures: de là la production de mauvaises habitudes qui détruisent vite ce qui était encore demeuré bon dans la nature tombée: c'est ce que l'expérience nous met chaque jour devant les yeux. Ce premier canon ne contredit en rien ce qui a été dit.

Dans leur deuxième canon, les Pères de Trente définissent que le péché d'Adam a nui à sa descendance, et non pas seulement en lui transmettant en héritage la mort et toutes les maladies qui la préparent ou l'accompagnent, au lieu de l'immortalité primitive, mais encore en lui transmettant le péché qui est la mort de l'âme; car, dit notre même canon, à son début, Adam n'a pas perdu pour lui seul la justice et la sainteté — dans laquelle il avait été établi — mais il l'a perdu aussi pour toute sa postérité jusqu'à la fin des temps. S'il fallait prendre les choses à la rigueur, ici nous aurions le péché originel avec la cause à laquelle on l'attribue communément, avec le péché d'Adam, dont l'acte demeurait propre à Adam et ne lui était pas commun avec tous les individus de sa descendance comme le voulaient les Traducianistes, mais dont l'effet — privation de grâce sanctifiante — ne se trouvait pas dans Adam seul, mais passait par le moyen de la génération dans chaque membre de sa postérité. On voit que pour les Pères de Trente il n'y a plus dans le péché originel rien de ce qui pourrait en faire un péché quelque peu personnel pour celui en qui il réside, nous voulons dire rien de *volontaire*, qui dérive en lui, soit par *traduction*, soit par *imputation* — ces mots ont été déjà définis —; notre canon n'en parle en effet que comme privation d'une qualité indispensable pour atteindre notre destination qui est le ciel. Nous avons là la notion anselmienne du péché originel, laquelle devient la notion catholique dans le texte de notre canon et condamne en la remplaçant la notion protestante ci-dessus donnée du péché originel. Le Concile a bien l'air de dire qu'Adam est cause de tout le mal tant naturel que surnaturel que l'on attribue communément au péché d'origine. Mais nous l'avons déjà remarqué et au long, les catholiques et les protestants n'étant ici en opposition que sur la nature du péché originel et non sur son origine, la définition du Concile ne porte que sur ce qui a trait à cette nature et quant à ce qui regarde l'origine, les Pères du Concile ont parlé comme parlait alors tout le monde qui avait quelque compétence sur la matière. Dans ce second canon, on a étendu à toute la descendance d'Adam, seul ancêtre primitif, la perte spirituelle qu'avait produite en lui le péché commis dans le Jardin. Cette question de la cause ou origine de notre naissance avec *privation* de grâce avait été jusque-là résolue de bien des façons par les saints Pères et les théologiens, ainsi que nous l'avons vu dans ce travail, mais l'autorité ecclésiastique n'y avait pas touché, ne tenant ferme que pour la nécessité du baptême, même pour les enfants, fussent-ils nés de parents baptisés: c'était donc alors une question ouverte, elle l'est demeurée depuis. Mais aussi là est le mystère de ce qu'on appelle le péché originel. A cette question, « pourquoi, étant destinés au ciel, venons-nous au monde privés de la grâce qui est indispensable pour y être admis ? » on ne pourra jamais donner que des réponses probables et non des réponses qui s'imposent; l'Ecriture, qui seule aurait pu les donner, nous l'avons trouvée presque bouche close sur ce point; la tradition des saints Pères n'a pas parlé davantage et la pratique de l'Eglise n'a permis de rien conclure sur le même sujet. Il est vrai, la question est de pure curiosité, or la Bible est pratique avant tout.

Le troisième canon de notre Ve Session dit que le péché originel ne peut être effacé en nous par des forces humaines: ceci est contre le dogme central du protestantisme que « par la foi ferme qu'on est justifié par le Christ, qui s'est chargé de tous nos péchés, de fait nos péchés ne peuvent plus nous être imputés », ainsi que nous l'avons exposé plus haut. Or, un homme fait n'a pas besoin de grâce pour avoir cette ferme *foi-confiance:* d'ailleurs, la grâce protestante sent très fort la grâce pélagienne et semble bien lui être identique et comme elle se confondre avec la nature. Notre canon ajoute que les mérites du Christ, et eux seuls, sont capables d'effacer en nous le péché originel. Puisque le péché est privation de grâce nécessaire pour être admissible au ciel, il faut une infusion de grâce en nous pour qu'il nous soit effacé: or, Dieu seul peut nous donner cette grâce et toute grâce nous vient de Dieu par le Christ, l'unique Médiateur entre Dieu et les hommes (*I. Tim.* II, 5); d'ailleurs, le Christ, parce qu'il est Dieu, peut produire lui-même la grâce; mais nous avons vu qu'il la donne au monde moral, dont il est le Centre et la Tête, comme appartenant lui-même au monde moral, c'est-à-dire comme Homme-Dieu. Puis, nous avons vu que par son obéissance jusqu'à la mort aux ordres du Père, il s'est acquis un trésor infini de mérites qui lui donnent droit à un océan de grâces sans limites, dont il n'a que faire pour lui et qu'il distribue aux membres du monde moral. Le canon termine en disant que ces mérites du Sauveur nous sont appliqués par le baptême, conféré d'après le rite de l'Eglise catholique: ceci est une condamnation de la doctrine protestante sur les sacrements, dont de fait, ils ne conservaient que le baptême. Pour eux, en effet, les sacrements n'étaient qu'un pur rite extérieur, sans efficacité aucune pour justifier, même par imputation, à la manière protestante. Encore une fois, la ferme confiance ou foi ferme que le Christ se chargeant de nos péchés a satisfait pour nous et que, dès lors, les péchés ne peuvent plus nous être imputés, voilà l'unique et vrai moyen de justification protestante. Il est à remarquer que catholiques et protestants attribuent aux mérites du Christ le pardon que Dieu nous accorde de nos péchés, mais les protestants ne nous font appliquer ces mérites et accorder ce pardon que par le moyen de la foi-confiance, dont ne sont capables que les hommes en plein usage de la raison et sans l'aide d'aucun secours spécial d'en-haut. En définitive, il n'existe pour eux aucune grâce du Christ qui nous pénètre à l'intérieur et nous fasse vraiment justes et non pas seulement *réputés* justes. Pour les catholiques, au contraire, les mérites du Sauveur ne peuvent nous être appliqués que par le baptême, car, nul ne peut entrer dans le Royaume de Dieu s'il ne renaît par l'eau et l'esprit (*Joan.* III, 5). C'est cette nécessité du baptême en même temps que son efficacité que le Concile affirme en terminant son troisième canon. Passons au canon suivant.

Dans ce canon on définit la nécessité du baptême pour les enfants, même s'ils sont nés de parents baptisés. Le baptême n'était pas méprisé dans le protestantisme, puisqu'on l'administrait ; c'était même le seul sacrement qu'on n'eût pas rejeté, mais on le regardait comme sans efficacité, au moins pour les enfants chez lesquels il ne pouvait pas, comme chez les adultes, exciter la *foi-confiance*, seul moyen d'être justifié ou plutôt d'être réputé juste, fût-on plein de péchés dans son intérieur. Après avoir affirmé la nécessité de baptiser les enfants, même seraient-ils nés de parents baptisés, on est étonné d'entendre notre canon parler d'enfants qu'on ne baptiserait pas parce qu'on prétendrait qu'ils n'ont aucun péché, car nous avons vu les protestants trouver la source de tout le mal physique et moral qui afflige l'humanité dans le péché du premier ancêtre. Mais ici on vise Zwingle, qui faisait consister le péché originel dans l'amour-propre ou orgueil ; or cet amour-propre nous est naturel et n'est pas un péché qui ait besoin de rémission, mais une source de péchés et nous devons chercher à la tarir par la pratique de toutes sortes de vertus. Si les Pères parlent d'un péché qui serait dans l'enfant et qui servirait à rendre vraie la formule du baptême, dont le *Credo* solennel dit : « *Confiteor unum baptisma in remissionem peccatorum* », c'est qu'ils parlent du péché originel comme d'un péché ordinaire, ce que nous faisons encore aujourd'hui, quoique nous sachions qu'il n'y a que privation de grâce et rien de ce qui est requis de la volonté pour un péché ordinaire ou personnel. Passons au dernier canon.

Dans ce canon on condamne l'énormité protestante de la justification par imputation et on ajoute un anathème pour quiconque voudrait faire un péché de la concupiscence qui nous demeure après le baptême et nier ainsi la *perfection* de la vertu justifiante du baptême, ce à quoi les protestants ne manquaient pas.

Depuis longtemps nous cherchons si le péché d'Adam dans le Jardin a été cause que nous venons au monde privés de grâce sanctifiante, ce qui est naître avec le péché originel, et ni l'Ecriture, ni la tradition des saints Pères, ni la pratique de l'Église, ni ses définitions à Trente ne nous ont permis une affirmation tant soit peu assurée. Mais, outre le péché originel — privation de la grâce sanctifiante à notre venue au monde — il y a véritable déchéance physique et morale de notre nature: propension excessive au mal moral tant par les vices de la chair que par ceux de l'esprit, la peine causée par le travail nécessaire à l'entretien de la vie matérielle, l'immortalité primitive — tant souhaitée par la nature — remplacée par la douleur, les infirmités et la mort. Nous avons vu et à maintes reprises que, le péché originel excepté, tout le reste est conséquence naturelle du péché, et cela se transmet dans notre espèce par voie d'hérédité et s'y propage par le mauvais exemple et cet exemple est contagieux quand le milieu social est gâté.

Si nous n'avons rien moins que l'unanimité patristique, même simplement morale, pour faire venir le péché originel du péché d'Adam dans le Jardin, comme un effet provient de sa cause, en revanche nous avons une unanimité écrasante et dans les écrits et prédications des Pères et dans les formules liturgiques de l'Eglise pour affirmer que tous les maux dont nous sommes affligés n'ont qu'une seule et même origine, le péché et la chute de notre premier ancêtre. Comme nous l'avons vu dans les Pères et comme on le verrait facilement dans les prières de l'Église, le péché est mis assez souvent pour l'inclination au péché, et l'on excite les fidèles à la fuite de l'un comme de l'autre, à la fuite du mal qui est la ruine de notre âme aussi bien qu'à la lutte contre l'inclination qui est le chemin vers cette ruine. Mais, même quand on fait remonter notre penchant au mal jusqu'à la faute du premier ancêtre, il n'y a en cela rien qui prouve que le péché originel, dans son sens précis de privation de grâce à notre naissance, remonte jusqu'à cette même faute.

Dans cette dernière section, on a peiné beaucoup non pour trouver la cause de la déchéance de notre nature, déchéance qui résulte naturellement de la faute du premier ancêtre — ou des premiers ancêtres, s'il y en a eu plusieurs — et de toutes celles qui depuis lors s'y sont ajoutées: nous avons peiné en essayant de voir pourquoi, destinés au ciel, nous naissons *privés* de ce qui est indispensable pour y entrer: nous cherchions la cause de ce qu'on appelle le péché originel et nos recherches n'ont pas abouti; nous sommes restés devant le mystère. Rien d'étonnant en cela, nous sommes devant une loi du Gouvernement divin à l'égard de notre humanité, car le péché d'autrui ne peut pas devenir mon péché, ni le ciel perdu pour autrui être cause qu'il est aussi perdu pour moi sans qu'il y ait quoi que ce soit de ma libre volonté. Heureusement nous avons des certitudes pour la première partie du titre de cette dernière section: *La chute primitive transmise;* nous en connaissons les effets naturels par l'expérience du présent et l'histoire du passé et les effets qui dépassent le temps et la nature nous sont clairement indiqués par la parole du Christ (*Joan.* III, 5): celui qui n'est pas né de l'eau et de l'esprit ne peut pas entrer dans le Royaume de Dieu; d'où la nécessité du baptême pour les enfants, reconnue de tout temps dans l'Eglise.

La deuxième partie du titre de notre section: *Moyens de réparer la chute primitive,* porte sur des matières pratiques; aussi a-t-on eu de tout temps et avons-nous encore une certitude pleine et d'acquisition facile. La privation de grâce ou péché originel est réparée par l'effusion en nous de la grâce baptismale; c'est même le seul moyen de réparation, mais il est aisé et d'une efficacité assurée. Bien plus, depuis la venue du Christ et l'établissement de son Eglise, les enfants peuvent aussitôt après leur naissance être élevés par le baptême à la dignité d'enfants de Dieu et, par suite, d'héritiers du Père céleste et de cohéritiers du Christ (*Rom.* VIII, 17); être baptisé est, comme on le voit, un bienfait inestimable pour les enfants qui meurent avant l'âge de raison. Avant notre ère on ne voit nulle part un pareil secours accordé aux enfants; on a bien prétendu qu'en Israël, la circoncision produisait l'effet du baptême, mais l'un des deux sexes aurait été négligé; or, dans la vie surnaturelle, les sexes sont égaux ou plutôt ils disparaissent (*Gal.* III, 28): d'ailleurs, en Israël, rien n'était au-dessus des prophètes ou hommes de Dieu; or les femmes, qui ne pouvaient pas être prêtres, pouvaient être prophètes: Debora, comme prophétesse, était supérieure au juge Barac (*Jud.* IV-V) et la prophétesse Holda (*II. Reg.* XXII, 14 sq.) fut, dans une des circonstances les plus graves, consultée de préférence à Jérémie lui-même, qui, il est vrai, ne prophétisait que depuis cinq ans. Au reste, saint Paul aurait parlé de la circoncision autrement qu'il le fait (*Rom.* II, 28-29), si elle avait été un moyen de justification et non un simple signe de justice. Rien d'étonnant que le Sauveur, si plein de tendresse pour les enfants (*Mat.* XIV, 13-15), ait ménagé dans son Eglise, à cet âge innocent, un bienfait qu'ils n'auraient pu se procurer eux-mêmes que plus tard, à l'âge de raison, ou peut-être jamais, étant devancés par la mort. A l'âge de raison, tout homme qui connaît suffisamment l'Eglise, est tenu d'y entrer et cela ne peut se faire que par le baptême qui efface et le péché originel et ceux qui auraient pu s'y ajouter. Dans les pays infidèles où l'évangélisation est encore peu dense et les messagers de la vérité peu nombreux, il peut arriver que des âmes droites connaissent assez l'Eglise et, malgré leur sincère et même ardent désir d'y entrer, n'aient personne pour les y introduire par le baptême ni les moyens d'aller chercher au loin un tel introducteur. Une telle âme aime vraiment Dieu et veut se donner à lui et arriver jusqu'à lui par l'intermédiaire du Christ, seul médiateur nécessaire entre Dieu et les hommes; Dieu ne saurait se laisser vaincre en générosité; lui qui est tout-puissant. Nous soumettant aux rites sacramentels pour notre bien, mais ne s'y soumettant pas, ne pouvant d'ailleurs s'y soumettre lui-même, Il baptise cette âme dans le Saint-Esprit, comme les apôtres devaient être baptisés (*Act.* I, 5) et comme ils le furent de fait au jour de la Pentecôte (*ibid.* II, 4). Un tel baptême est appelé baptême de désir. Il y a aussi le baptême de sang: lorsque dans les pays infidèles il y a persécution sanglante contre les chrétiens, parfois avec des baptisés sont mis à mort des non-baptisés ou *néophytes;* on dit que ces néophytes ont été baptisés dans leur sang et on les honore comme martyrs au même titre que les fidèles immolés comme eux. De fait, ils ont donné à Dieu la plus grande preuve de leur amour, d'après la parole du Christ (*Joan.* XV, 13); Dieu ne peut pas céder en générosité. Il y avait au siècle dernier, surtout dans sa première moitié, des hommes croyant en Dieu, et dont la conduite vis-à-vis d'eux-mêmes et de leurs semblables paraissait irréprochable ou à peu près, mais ils ne croyaient pas à la divine mission du Christ et à la vérité de ses enseignements. Ces hommes sont rares aujourd'hui, c'étaient des esprits cultivés; or, parmi ces esprits, même la croyance en Dieu tend tristement à disparaître de nos jours, à cause, ce semble, de l'étude exclusive de la matière ou de l'éducation uniquement scientifique. Dans tout ce monde, surtout dans les anciens demi-croyants — qu'on appelait déistes — la connaissance de la religion du Christ n'était pas nulle, mais ils en voyaient moins les clartés très suffisantes que les ombres inévitables. Bien qu'il ne faille jamais sans preuves très certaines supposer le manque de bonne foi chez autrui, il est fort à craindre qu'il ne se cache dans ces esprits un fond secret d'orgueil qui leur fait mépriser le Christ et qu'en eux ne s'accomplisse sa terrible parole: « Celui qui me niera devant les hommes, je le nierai devant mon Père qui est dans le ciel » (*Mat.* X, 33). On le voit, l'absence de grâce, quelle qu'en soit la cause, qui accompagne notre naissance, est facile à réparer avec de la bonne volonté, si l'on connaît le Christ et son Eglise.

S'il s'agit de ce qui nous a été réellement transmis du péché du premier ancêtre et s'est accumulé dans le cours des siècles par l'action de ses descendants coupables, cela se résume dans notre tendance interne au mal et dans l'action corruptrice du milieu qui nous environne. Les inclinations au mal se combattent et se neutralisent par des habitudes contraires qui finissent par les dominer et les faire disparaître sinon en tout, au moins en très grande partie. Or, ces bonnes habitudes ne s'acquièrent que par l'action répétée des actes de vertu. On est toujours obligé de vivre dans un milieu social quelconque dont il est difficile de ne pas subir un peu l'influence. Le milieu moralement malsain ne fait de mal que quand on le fréquente sans nécessité et pour y trouver du plaisir; c'est d'ailleurs signe qu'on est déjà entamé par lui. Quand on ne le fréquente que par vraie nécessité, on en sort généralement indemne ou à peu près. C'est ainsi que les Juifs, répandus depuis l'exil dans le monde païen, tant oriental que gréco-romain, monde très corrompu, se conservèrent cependant dans la vérité du monothéisme et dans la pratique d'une morale bien supérieure à celle des païens; car les meilleurs parmi les païens venaient prier et s'instruire dans les Synagogues, nombreuses dans les deux grands empires qui se partageaient le monde connu. En effet, à cause des impuretés légales que le contact avec les païens faisait si facilement contracter et dont la purification était toujours gênante, les Juifs dispersés dans les deux empires, menues et moyennes gens, qui tenaient à leurs observances religieuses, vivaient entre eux et n'avaient avec les païens que les rapports indispensables au soutien de l'existence matérielle. Le livre de Tobie, écrit vers le IIIe siècle avant Jésus-Christ, par suite longtemps après les faits, nous fait, sous forme d'histoire, un tableau de ce qu'étaient les bonnes familles juives vivant loin de leur pays au milieu des nations. Il est à remarquer que leur zèle pour les minimes observances de la loi ne leur fit point étouffer l'esprit de la loi sous la lettre de cette même loi, comme c'était le cas des Pharisiens à l'époque du Christ (cf. *Mat.* XV, 1-20). Il y a un autre moyen de n'être pas influencé par le milieu, c'est d'y vivre en apôtre, de l'attaquer, de travailler à remplacer sa mentalité et ses maximes malsaines par une mentalité et des maximes meilleures. Nous avons une preuve insigne de cette vérité dans le fait de l'évangélisation du monde païen, commencée par quelques pauvres Juifs galiléens, les *douze* et leurs premiers disciples, qui se jetèrent à corps perdu au milieu des nations infidèles, à civilisation brillante, mais cruelle et corrompue et défendue par une puissance intolérante et redoutable. Or, on ne voit pas qu'un seul de ces apôtres ait été gagné par le paganisme: il y avait parfois des reculs parmi les convertis, tel ce Démas qui abandonna Paul pour retourner au siècle (*II. Tim.* IV, 9); quelques convertis reculaient même plus loin, puisque Paul se plaint de faux frères (*II. Cor.* XI, 26); mais on ne voit rien de pareil parmi les évangélisateurs et si Marc, le futur évangéliste, encore jeune, recula devant la peine (*Act.* XIII, 5 et 13), il revint vite au travail, prêcha avec Barnabé, puis avec Paul, puis avec Pierre lui-même (*Act.* XV, 39; *II. Tim.* IV, 11; *I. Petr.* V, 13) dont les prédications furent la principale source de son évangile comme le rapporte Eusèbe (*H. E. Lib.* III, *Cap.* XXXIX, 15) et enfin il alla très probablement fonder l'Eglise d'Alexandrie.

Lutter contre soi-même est toujours très difficile, parce qu'il faut meurtrir la chair et les sens pour faire triompher l'esprit et la grâce; lutter contre le milieu est moins difficile, sans cependant être jamais chose facile. Il est besoin de courage pour entamer la lutte, d'énergie pour la soutenir et de constance pour ne pas céder à la fatigue. Tous les mobiles, c'est-à-dire tous les intérêts ou biens présents, nous portent, nous poussent même à suivre nos penchants désordonnés et à vivre dans le milieu et comme le milieu qui nous entoure. Les motifs rationnels, opposés aux mobiles, leur font un certain contrepoids, surtout si on prend l'habitude de les avoir souvent présents à l'esprit, ce qui n'est pas facile, vu les occupations de la vie matérielle. D'ailleurs, les motifs, quoique très puissants en eux-mêmes, ont le tort d'être invisibles, est-on tenté de dire, et de n'agir sur les sens que par la raison. Aussi, chez ceux qui, vivant en pays chrétiens, n'admettent pas la Révélation chrétienne, n'a-t-on jamais vu paraître un *saint* véritable et sous leur extérieur de morale, y a-t-il autre chose, Dieu le sait. Puis, les considérations rationnelles dirigent plutôt la volonté de dehors qu'elles la pénètrent et la fortifient de dedans.

Seule, la Révélation surnaturelle, annoncée par les prophètes, consommée par le Christ, et toujours conservée vivante dans l'Eglise catholique, seule, cette Révélation, disons-nous, quand on a étudié avec soin ce qui en établit la solidité et la vérité, dirige efficacement l'homme tout entier, éclairant l'intelligence par ses enseignements pratiques et toujours actuels, peut-on dire, et surtout fortifiant la volonté par l'afflux incessant de la grâce que nous a méritée le Christ, et dont la prière et surtout les sacrements sont les canaux qui la font couler en nous aussi longtemps et aussi abondamment que nous le voulons. Inutile de prolonger davantage ce côté pratique de la dernière partie de notre travail. Passons à la conclusion, qui, comme nous l'avons dit maintes fois, ne peut être que probable, mais au moins elle ne sera pas indigne de Dieu et de son Christ.

CONCLUSION DE TOUT CE TRAVAIL

Bien que la Bible ne condamne pas l'hypothèse de plusieurs couples primitifs, comme un couple suffit pour expliquer l'étendue de l'humanité aux temps préhistoriques, nous ne raisonnerons que d'après le couple Adam-Eve, à moins d'avis contraire.

Tout péché a un double effet: le premier est de nous rendre coupables envers Dieu et débiteurs envers sa justice; l'autre, de nous affaiblir moralement, parfois même physiquement. Le premier effet ne sort pas de l'auteur du péché: le péché d'autrui ne peut pas être le mien. L'autre effet se communique plus ou moins, soit à la descendance du pécheur par hérédité, soit à son entourage par la contagion du mauvais exemple. C'est ce dernier effet qui pervertit le milieu social dans lequel nous sommes obligés de vivre. Ce milieu eût été gâté depuis longtemps et sans espoir d'amélioration, si Dieu n'avait opposé au mal un remède plus puissant que lui. C'est par Adam pécheur qu'a commencé la déchéance morale de notre nature et par suite aussi la corruption du milieu social: c'est le triste héritage qu'il a laissé à toute sa descendance, mais que cette descendance a singulièrement agrandi. Le péché d'Adam eut-il un troisième effet, celui de nous faire naître privés de la grâce sanctifiante, quoique destinés au ciel? C'est ce qu'on dit communément depuis saint Augustin, mais nous avons vu que les définitions de Trente contre les protestants ne touchent pas ce point qui, dès lors, demeure matière *libre* d'études. D'ailleurs, nous avons interrogé tout ce qui pouvait nous donner une réponse sur ce sujet et rien ne nous l'a donné ni dans l'Ecriture, ni dans la pratique et les définitions de l'Eglise, ni chez les Saints Pères, sauf quelques voix imprécises, et une à mettre de côté, celle d'Origène, suspecte à cause de la traduction de Rufin qui nous l'a transmise. (*In Levit.* VIII, 3). Saint Thomas (*Sum. Theol.* I a pars Q. 100 a 1), dit que nous serions nés dans l'état de grâce sans la faute d'Adam. Il suppose donc prouvé ce dont nous n'avons aucune preuve, et les preuves qu'il nous donne lui-même auraient besoin d'être fortement étayées. Comme nous l'avons dit, on ne peut avoir ici que du probable;

or, sauf qu'Adam est venu au monde par création et que nous y venons par naissance, il y a toute chance que le plan divin d'après lequel l'homme doit être amené à sa fin dernière ou perfection achevée, n'a pas changé après la chute. Nous avons vu le Christ, tête et centre du monde moral, avant la création du monde, et notre adoption à la filiation divine par l'intermédiaire de ce même Christ qui n'est indiqué que dans la suite comme rédempteur (*Eph.* I, 3-10). La rédemption n'a rien changé dans le plan primitif de Dieu sur l'humanité et même sur tout le monde moral : elle n'a été qu'un moyen et le plus puissant de tous pour l'exécution de ce plan. Or, d'après J. dans *Gen.* II, 7, Adam fut fait âme vivante avec un souffle de vie dans les narines, ce qui, toujours d'après J., lui était commun avec les animaux qui périrent par le déluge (*ibid.* VII, 21-23) : c'est l'état de nature, non pas opposé à l'état surnaturel — sous peine de condamner le mariage (*ibid.* II, 24) — mais inférieur à l'état de grâce indiqué par P. — plus récent que J. de plusieurs siècles — dans *Gen.* I, 26-27. Donc la nature, dans le premier homme, paraît avoir précédé la grâce. C'est ce à quoi Paul fait peut-être allusion dans *I. Cor.* XV, 45-50. Dans ce passage de l'Apôtre, les qualificatifs psychique et terrestre se valent de même que spirituel et céleste, mais les deux premiers sont inférieurs aux deux derniers qui indiquent l'état de grâce et non pas de gloire. Donc ceux-là indiquent l'état naturel de l'homme et non pas l'état de péché, sinon nous ferions l'homme mauvais dans l'acte même de sa création.

Comme ils ne pouvaient pas recevoir les soins de leurs parents, Adam et Eve furent créés avec l'usage de la raison, et dès lors ils purent accepter librement la grâce et coopérer à ce qui les rendait dignes de la béatitude. Ainsi en aurait-il été de tous leurs descendants : à l'âge de raison ils se seraient tournés vers Dieu, et auraient été élevés à l'état surnaturel ; s'ils négligeaient cette élévation vers le Créateur, ils demeuraient dans l'état de nature et même avec toute la chance d'avoir commis une faute mortelle en ne rendant pas à Dieu ce qu'ils lui devaient. Mais ils n'auraient eu à s'en prendre qu'à eux-mêmes.

Ce plan divin réalisé dans le premier homme, nous le voyons continué dans sa descendance ; nous en avons une preuve décisive dans ce que Salomon dit ou plutôt est censé dire au livre de la Sagesse (VIII, 19-21) : « J'étais un enfant d'un bon naturel, j'avais reçu en partage une âme bonne, et de plus étant bon j'étais venu dans un corps sans souillure ». Dans une telle entrée au monde il n'y a pas de place pour le péché ; cependant notre Salomon ou plutôt le Sage qui parle par sa bouche sent qu'il lui manque quelque chose, et même qu'il lui manque beaucoup, aussi ajoute-t-il : sachant que je ne pourrai pas être maître de moi-même (*egkratès*) si Dieu ne me l'accorde, je le lui ai demandé en le priant de tout mon cœur. Puis vient la belle prière du chapitre IX dans laquelle l'orant, après avoir exposé ses besoins et sa faiblesse, dit : Et quand on serait parfait parmi les enfants des hommes, si on manque de la sagesse qui vient de toi on ne sera compté pour rien (*ibid.* 6). D'ailleurs la sagesse dans notre livre, quoique souverainement intelligente, est au moins aussi pratique, car par elle, ajoute notre orant, en parlant à Dieu, mes œuvres te seront agréables (*ibid.* 12) ; et auparavant on avait dit de cette sagesse (*Sap.* VII, 27-28) : « Quoique unique elle peut tout ; au travers des âges elle passe chez les âmes saintes et en fait des prophètes et des bien-aimés de Dieu, et Dieu n'aime que celui qui habite avec la sagesse ». Ceci cadre avec le vieux récit de J. qui ne fait d'abord d'Adam qu'un être vivant, capable cependant de recevoir des ordres, puis nous le montre familier avec Dieu dans le Jardin, c'est-à-dire plus proche de Dieu par l'état de grâce auquel il avait été élevé, proximité et familiarité que la crainte remplaça par la suite du péché (*Gen.* III, 10). En résumé le premier couple humain, ou les premiers couples s'il y en a eu plusieurs, fut créé dans l'état de nature puis élevé à l'état de surnature auquel il était destiné, mais il coopéra à cette élévation avec sa raison et sa liberté dont il avait l'usage. Après la faute du premier ou des premiers ancêtres, Dieu procéda de la même manière à l'égard de l'humanité qui en descendait ainsi que le prouve l'exemple cité du livre de la Sagesse. Le Salomon de notre livre était né avec un bon naturel et sans faute ; néanmoins il sentait le besoin d'un puissant secours d'en haut, qu'il implora et qu'il obtint. La sagesse qui lui fut donnée et qu'il décrit dans un si beau langage, c'est ce que nous appelons la grâce sanctifiante qui nous fait connaître le devoir et nous donne la force de l'accomplir.

On nous objectera que l'homme fait pouvait se sauver ou se perdre à son gré ; mais depuis l'immortalité perdue, les enfants qui meurent avant l'âge de raison perdent nécessairement la béatitude, qu'ils n'auraient perdue que par leur faute lors du privilège de l'immortalité. Nous ferons voir bientôt, comme réponse à cette difficulté, que l'immortalité, sans la Rédemption par le Christ, eût été plus désastreuse pour l'ensemble de l'humanité que ne l'est maintenant la mort des enfants morts sans baptême. Au reste il ne faut pas trop insister sur l'immortalité primitive, car nous avons vu que sa réalisation aurait exigé que les lois du monde minéral et la nature des êtres vivants fussent changées et qu'un continuel miracle de protection divine entourât chacun de nous ; or la Bible ne dit mot de toutes ces exigences. Nous n'avons même qu'un texte dans l'Ancien Testament qui suppose l'immortalité primitive pour notre espèce, c'est *Eccli.* XXV, 23, et il ne faut pas trop le presser, d'abord parce qu'il ne s'agit pas d'enseignement religieux, et ensuite parce que le Siracide, lançant une bordée contre les femmes de mauvais caractère, a pu employer ce que, peut-être, on disait alors couramment contre Ève, bien que ce ne fut pas écrit dans la Bible, à savoir que nous mourons à cause d'elle. En tout cas notre façon de voir sur l'héritage qu'Adam nous a transmis est plus conforme à la nature de l'homme complet: s'il est doué d'intelligence et de liberté, c'est surtout pour atteindre sa fin suprême en coopérant librement à l'action de Dieu qui l'y conduit. Le baptême des enfants n'est qu'une exception apparente à la loi que nous venons d'énoncer: ils sont faits justes sans qu'ils coopèrent en rien à l'acte divin — infusion de la grâce par le sacrement — qui les rend aptes à être reçus dans le ciel. Comme les enfants ne jouissent de ce bienfait que depuis l'Incarnation, on pourrait dire peut-être que c'est un cadeau du Christ aux enfants qu'il aimait beaucoup à cause de leur candeur; mais il vaut mieux dire que les enfants, tant qu'ils n'ont pas l'usage de leur raison, appartiennent aux parents, aussi ne peut-on pas les baptiser contre leur gré. Mais les parents peuvent les donner au Christ par le baptême, puisque plus tard ces enfants devenus hommes, devraient se donner eux-mêmes au Christ, à moins qu'ils ne voulussent être reniés par le Christ devant le Père. Combien n'est-il pas plus fructueux pour ces enfants de vivre au niveau du ciel par la grâce que de ne vivre que de la terre sans péché mais aussi sans grâce! Ceci soit dit à propos de ceux qui ne veulent pas, disent-ils, entraver la liberté de l'homme fait en le donnant au Christ et en l'élevant dans la religion du Christ, alors qu'il n'est pas encore apte à disposer de lui-même.

Notre pensée sur ce que nous ne tenons pas d'Adam, et que cependant on veut nous faire tenir de lui depuis saint Augustin, est si conforme à la doctrine du Maître, déjà citée dans *Jean* (III, 5-6), qu'elle y trouve une confirmation. En affirmant en effet l'universelle nécessité du baptême, le Christ ne dit mot d'Adam ni de son péché: c'est parce que l'homme n'est que chair, étant né de la chair, qu'il a besoin de renaître de l'esprit: or la chair, nous l'avons dit plus haut, n'est pas chose mauvaise dans saint Jean, puisque le Christ est le Verbe fait chair, et le Père lui a donné puissance sur toute chair, afin qu'Il donne à toute chair la vie éternelle (I, 14; XVII, 2). La première citation de saint Jean indique à la fois et la vraie raison de la nécessité du baptême, et de l'étendue de cette nécessité atteignant même ceux qui n'ont aucune faute personnelle: tels sont sans exception les petits enfants; d'ailleurs ces êtres innocents sont par leur candeur le type que nous devons réaliser en nous pour être admis dans le Royaume de Dieu, c'est-à-dire dans l'Eglise sur la terre et au ciel dans l'au delà (*Marc.* X, 13-16).

Notre conclusion est achevée: la faute d'Adam dans le Jardin n'est pas devenue nôtre, et même elle ne pouvait pas le devenir. A-t-elle été cause que nous venons au monde privés de l'état de grâce? On n'a rien trouvé qui l'affirme et Adam n'a été élevé à l'état surnaturel qu'après sa création, et quand il était responsable : le livre de la Sagesse nous a appris qu'il en était ainsi pour sa descendance après la chute. Mais s'il en est ainsi, dira-t-on, que devient le triste héritage que nous tenons de notre premier ancêtre, d'après ce que nous disent l'Ecriture, les Pères, la liturgie et les livres des saints? La réponse n'est pas difficile. Nous avons dit maintes fois que tout péché a un effet naturel, souvent touffu et même parfois multiple, transmissible à la descendance du coupable par l'hérédité et à son entourage par le mauvais exemple, le mauvais conseil et même, chez les coupables puissants, par impulsion, par ordre et quelquefois par violence sur les petits et les faibles. Cet effet naturel de tout péché c'est l'affaiblissement de la vigueur morale et la rapide production d'habitudes vicieuses par la répétition d'actes peccamineux. Si l'on suppose plusieurs coupables l'hérédité transmet le mal de chaque coupable à sa descendance; de plus, le milieu créé par chacun dans son entourage tend à réagir et même réagit plus ou moins sur tous les autres, et avec réciprocité. De cette manière le mal gagne en profondeur et en étendue et assez vite le milieu est totalement gâté et devient d'une insalubrité morale presque absolue. Quelques âmes d'élite peuvent se conserver *moralement* dans un milieu si dépravé, mais ces âmes sont d'une rareté extrême dans les classes élevées: elles sont vite comptées dans le monde gréco-romain qui nous est le mieux connu parmi les peuples qui ont précédé notre ère. En Grèce, les artistes dans tous les genres sont nombreux et de grande envergure; il y eut pour la défense du pays contre les Perses des courages héroïques qui furent moins heureux contre les Romains, mais à Socrate on ne peut ajouter que quelques noms presque vulgaires et assez mal connus parmi les hommes qui se sont distingués par la vertu. A Rome où brille l'art de la guerre et surtout du gouvernement, on nomme le sage Caton, mais il n'est rien moins qu'un modèle en morale: dans son *De Re agraria,* les esclaves et le bétail sont mis sur le même pied. L'esclavage est une honteuse plaie de tout le monde antique : les classes inférieures sont encore aujourd'hui et seront toujours attachées aux travaux manuels, mais il n'est plus possible de les réduire au rang d'êtres qui ne s'appartiennent pas; le patron ne peut pas vendre ses ouvriers, auxquels il n'est pas défendu de s'élever plus haut avec de l'intelligence et du travail, tandis que l'esclave ancien ne pouvait être affranchi en rachetant sa liberté que si telle était la volonté du maître. En somme les classes inférieures étaient soumises au mépris et à la brutalité des grands, dont les classes moyennes essayaient de se libérer en payant de lourds impôts, et tâchaient de s'affranchir du travail manuel honteux chez les anciens en le laissant aux esclaves quand ils pouvaient s'en procurer. Si tels étaient les rapports de l'homme à l'égard de ses semblables, si en une matière où par le moyen de la raison le droit naturel parle si clair et si haut, un homme tel qu'Aristote est allé jusqu'à légitimer l'esclavage pratiqué de son temps en disant que la nature fait des hommes libres et des esclaves, quels pouvaient être les pensées et les sentiments qui avaient cours sur les points où la conscience morale parle avec moins de précision, nous voulons dire sur les devoirs envers Dieu et envers nous-mêmes? Nulle part la Divinité n'avait souci de la pratique de la morale parmi les hommes; le moindre mal eût été qu'elle s'en tînt là, mais le plus souvent, pour ne pas dire toujours, elle était en contravention avec la morale élémentaire de l'homme vis-à-vis de lui-même. Aussi dans la vie privée se laissait-on aller au débordement de tous les instincts que la décence obligeait de réfréner en public. Mais, et ceci est le comble, ce que le public ne permettait pas, telle ou telle divinité le tolérait avec complaisance et même en était honorée, et le temple avec les bosquets qui l'entouraient devenait l'asile de ce que nous reléguons dans les mauvais lieux. Israël excepté, le seul peuple où fut connu le Dieu véritable (*Is.* XLV, 14), partout ailleurs, quoique avec différence d'intensité, la religion était le pire ennemi de la morale avant le plein début de notre ère.

Les ordres du monde moral invisible avaient subi des chutes avant que notre espèce apparût sur la terre, chutes qui, comme nous l'avons vu plus haut, semblent avoir été considérables (*Apoc.* XII, 4), mais on ne peut rien préciser. Quant à notre humanité, qui est la partie visible du monde moral, l'histoire pour le passé et l'observation pour le présent nous permettent de tirer des conclusions assez fermes.

Dans l'ensemble des Confessions religieuses non chrétiennes, le niveau moral toujours très bas ne s'est jamais élevé; d'ordinaire il a été s'abaissant sans cesse. Ces confessions ont disparu du monde méditerranéen et de l'Asie occidentale, et elles ont été remplacées d'abord par le Christianisme, puis en partie par l'Islamisme. Ce dernier, malgré ses nombreux emprunts judéo-chrétiens, a subi la loi de décadence morale de toutes les confessions religieuses non-chrétiennes et continue de la subir. Les anciennes religions de l'Extrême-Orient (Inde, Chine, Mongolie, Japon) ont subi elles aussi la loi de dégradation ou au moins de stagnation morale, avant que la lumière du Christ fût portée dans ces pays par les messagers de l'Evangile, toujours de plus en plus nombreux depuis quatre siècles, et qui finissent par devenir presque des armées. Que si le Royaume de Dieu progresse lentement dans ces pays, il faut se souvenir que les hérauts de l'Evangile, quoique nombreux, ne sont qu'une poignée pour des populations qui se comptent par centaines de millions; puis la mentalité de ces peuples est tout à fait différente de la nôtre et les erreurs religieuses y sont grossières et invétérées. Le Bouddhisme, qui devait porter le salut à ces pays, les a laissés comme il les a trouvés sinon dans un état moral inférieur.

Dans les choses de l'ordre moral et religieux, la qualité l'emporta sur l'étendue et le nombre. Or en 1900, à l'époque des Boxeurs, l'Eglise catholique a compté en Chine les martyrs par centaines et centaines: les chrétiens du simple peuple, obligés de choisir entre le Christ et la vie, ont préféré le Christ à la vie qu'ils pouvaient sauver en ne disant qu'un mot: c'est de l'héroïsme en grandeur morale;

l'homme ne peut pas s'élever plus haut. Pareil tableau, et même plus beau encore nous a été offert, vers la fin du siècle dernier, par les chrétiens de l'Oughanda, dans l'intérieur de l'Afrique. C'étaient ceux qu'on nomme primitifs et que d'aucuns même appellent sauvages; c'étaient des petits, vérifiant une fois de plus la parole du Christ : bienheureux les petits (*Mat.* V, 3). Ces petits donc, quelques-uns chrétiens seulement depuis quatre ans, furent par ordre du roi liés dans des fagots pour y être brûlés vifs, s'ils ne renonçaient au Christ. Ces petits donnèrent à Dieu la plus grande preuve de l'amour, ils lui sacrifièrent leur vie; aussi l'Eglise les a-t-elle placés sur ses autels. Arrêtons-nous et tirons nos conclusions.

Le mal moral et la décadence étaient grands dans l'humanité avant notre ère et ils le sont encore; leur guérison était et demeure au-dessus de toute force humaine et même de toute force créée, car Dieu seul peut maîtriser la volonté libre de l'être d'ordre moral sans la violenter. Sans un remède efficace opposé au mal, l'humanité serait au moins stagnante dans sa décadence morale ou plutôt elle se précipiterait dans une ruine complète: nous en avons une preuve dans ce qui se passe en Russie à cette heure et qui menace de s'étendre bien au delà de son pays d'origine: c'est la destruction de toute morale, de toute religion et même de tout ordre social. Il est vrai, la Russie n'a jamais eu qu'un christianisme d'épiderme: le tsar était le vicaire du Christ plus que ne le fut jamais le basileus à Bysance; le vrai christianisme n'est que là où saint Pierre, que le Christ a établi son vicaire authentique, a des successeurs. Mais même dans ce troupeau jusque-là fidèle au Christ, il y eut au XVIe siècle une scission effrayante, due aux passions des grands et aux désordres des clercs et des religieux. Tout semblait perdu, et cependant tout fut réparé et même au delà. La vie catholique qui semblait s'éteindre en Europe devint plus active et plus féconde que jamais: pour des parties à christianisme douteux perdues en Europe, des routes ouvertes vers les pays nouveaux permirent de gagner en étendue plus qu'on avait perdu. C'est à partir de ce moment que, grâce à des communications plus faciles vers les régions lointaines, les pionniers de la foi redoublèrent de zèle et d'ardeur pour porter la vérité à ceux qui ne l'avaient jamais entendue, tandis que d'autres s'efforçaient de la faire revivre où l'erreur venait de la faire disparaître. En résumé la morale des individus et le niveau moral de la société, ce qui est la caractéristique de l'homme et du milieu humain, sont toujours très bas et très défectueux avec tendance incessante à se dégrader encore chez tous les peuples qui n'ont pas été éclairés par la lumière du Christ et vivifiés par sa chaleur. Et il est à remarquer que cette lumière et cette chaleur n'ont jamais totalement manqué à l'humanité, car le Christ était hier, il est aujourd'hui et il sera le même dans les siècles (*Hebr.* XIII, 8); seulement ces principes de salut n'étaient qu'entrevus et sentis de loin avant la venue du Christ et la diffusion de sa doctrine.

Donc le monde moral était menacé de ruine et le nôtre qui en est la partie visible, en était encore plus menacé que les Ordres angéliques qui en sont la partie invisible. Or pour que la partie la plus belle des œuvres divines, le monde moral, ne sombrât pas presque entier dans l'abîme de l'irréligion et de l'immoralité, c'est-à-dire dans la révolte contre Dieu et dans le mépris de sa loi, le Christ que nous avons vu établi avant tous les temps (*Eph.* I, 4) tête et centre du monde moral (*ibid.* 10), reçut du Père l'ordre de venir au secours de ce monde. Ce secours, c'était la Rédemption ou délivrance du mal pour tous les êtres doués de bonne volonté (*Luc.* II, 14). Le Père en effet n'a pas envoyé son Fils fait homme pour juger et condamner le monde, mais pour le sauver (*Jean.* III, 17). Et nous l'avons déjà vu, ce salut ne se borne pas à la terre, mais il embrasse les hommes et les anges, le ciel et la terre à la fois. Que la Rédemption par le Christ s'étende à tous les hommes, la foi catholique n'a jamais permis d'en douter; mais qu'elle s'étende aussi au monde angélique, nous l'avons suffisamment prouvé plus haut sans qu'il soit besoin d'y revenir. Il suffit de rappeler le texte de l'Apôtre qui est des plus clairs (*Col.* I, 19-20) : « Il a plu à Dieu de se réconcilier toute chose par le Christ, par le sang de sa Croix établissant la paix, soit en ce qui est dans le ciel, soit en ce qui est sur la terre ». Il ne peut être question ici que d'êtres de l'ordre moral, et il ne peut s'agir de réconcilier le ciel avec la terre, comme on l'a prétendu en faussant le sens du texte que nous avons traduit littéralement, mais d'établir la paix parmi les êtres qui sont dans le ciel et parmi ceux qui sont sur la terre. On demandera peut-être de quelle paix il peut s'agir parmi les élus du ciel? Il peut être, il est même question d'une paix très générale et très profonde, de la paix avec Dieu, de la paix avec nos semblables et de la paix avec nous-mêmes, et celle-ci consiste à faire régner l'ordre dans et entre toutes les puissances de notre être. Cette paix n'est pas une imagination; c'est la grande réalité dont le Christ disait à ses apôtres (*Jean.* XIV, 27) : « Je vous laisse ma paix, je vous donne ma paix, ce n'est pas comme le monde la donne que je vous la donne ». Or le Sauveur parlait alors à des élus puisque Judas était sorti, s'étant retranché lui-même du Collège des Douze. Le péché d'Adam ne fut pas la cause de la mort du Christ, il n'en fut que l'occasion; il faut en dire autant du péché des premiers ancêtres, s'il y eut plusieurs premiers ancêtres. Dans la parole du précurseur sur le Christ (*Jean.* I, 29) : « Voici l'Agneau de Dieu qui porte le péché du monde », on a voulu parfois voir le Christ mourant à cause du péché d'Adam; mais cette dernière manière de penser est opposée à la formule solennelle de la Tradition déjà citée par saint Paul (*I. Cor.* XV, 3) : « Je vous ai transmis ce que j'ai reçu, que le Christ est mort pour nos péchés selon les Ecritures » (c'est-à-dire selon *Is.* ch. LIII, où se trouve la belle prophétie du Messie souffrant). La cause de la mort du Sauveur, c'est l'amour de Dieu pour le monde, pour le monde des hommes et des anges, amour qui lui a fait livrer son Fils unique pour les sauver (*Jean.* III, 16). Nous savons peu de chose du monde moral invisible, mais nous connaissons à la lumière de l'observation et de l'histoire, le triste état de notre monde en dehors des Confessions chrétiennes et surtout du catholicisme, état qui aurait été pire encore si la Rédemption n'avait jamais dû avoir lieu. De plus, si l'immortalité primitive n'avait fait passer tous les hommes dans l'au delà qu'après l'âge de raison, combien peu auraient atteint la vie bienheureuse : le lieu de damnation ou au moins les limbes eussent été le dernier et l'éternel séjour de notre pauvre espèce, même si elle avait dû venir au monde avec la grâce dans laquelle Adam fut établi, car elle n'aurait pas été plus ferme dans le bien que le fut Adam ou la première génération humaine, sortis tous immédiatement de la main de Dieu. Aussi bien que la première faute n'ait pas été la cause, mais seulement une des occasions de la mort du Christ puisqu'il est mort pour tous nos péchés (*I. Cor.* XV, 3), nous pouvons continuer de chanter : *O Felix Culpa quæ talem ac tantum meruit habere Redemptorem.*

De fait la grandeur du Christ comme homme est incomparable. Ce n'est que comme homme qu'il fait partie du monde moral, mais partie hors de pair, car sa dignité comme homme est la dignité de la Personne divine qui s'est approprié la nature humaine du Christ. En considérant ce que le monde moral reçoit de gloire extérieure par l'Incarnation et de secours intérieur par la Rédemption, l'esprit est tenté d'incroyance s'il ne fait attention que la gloire et l'amour de Dieu entrent en cause et que devant eux notre misère ne compte plus. Dieu se devait en effet et devait à sa gloire de porter le plus haut possible la partie la plus belle de la création : le monde moral. Or un être créé a une perfection naturelle toujours finie. Dieu seul est infini en nature et en dignité, c'est-à-dire en droit au respect. Dans l'homme, la nature et la dignité — la dignité interne, ce qui le rend digne de respect, quel que soit son rang dans la société — sont finies toutes deux et d'égale valeur, à moins que l'homme ne descende au-dessous de lui-même par le péché. Au contraire dans le Christ en tant qu'homme, la dignité, que nous avons vue infinie, dépasse la nature qui est finie malgré sa perfection, parce qu'elle est créée. Leibniz voulait voir dans l'œuvre propre de Dieu, dans l'univers, ce que Dieu peut faire de plus parfait : c'était un optimisme contradictoire car tout être créé peut toujours être remplacé par un autre être créé de perfection supérieure. Or l'optimisme réel, quoique nécessairement mystérieux, a été réalisé par Dieu dans le Christ. Si au lieu de prendre une nature humaine le Verbe divin s'était approprié une nature angélique, la grandeur eût été la même dans les deux cas : la différence finie de perfection entre les natures prises ne compte pas devant la dignité infinie à laquelle aurait été élevée la Personne qui se les appropriait. On doit même dire que la puissance et la bonté divines éclatent d'autant plus que le Fils éternel de Dieu a choisi la plus infime des natures du monde moral pour qu'elle pût être placée à la droite du Père dans le ciel (*Eph.* I, 20; *Mc.* XVI, 19).

Puisque l'Eglise est le corps du Christ qui en est la tête, puisqu'on doit en dire autant du monde moral tout entier d'après *Eph.* II, 10 et *Col.* I, 19-20, et puisque la gloire de la tête rejaillit sur tout le corps, on voit quelle gloire résulte de l'Incarnation pour chaque être du monde moral qui devient membre du corps du Christ. De par l'Incarnation de son Fils, tête et centre du monde moral, Dieu a donné à sa gloire extérieure tout ce qu'il lui devait, et a montré la grandeur de sa toute-puissance; sa bonté et son amour pour les plus nobles de ses créatures fussent restées dans l'ombre, s'il ne fût pas allé plus loin. Or pour manifester les plus chers de ses attributs, Dieu qui est charité a aimé le monde au point de lui livrer son Fils unique pour le sauver (*I. Jean,* IV, 16; *Jean.* III, 16). La gloire en effet d'avoir été choisis dans le Christ avant la création du monde, et d'avoir été prédestinés à l'adoption d'enfants de Dieu par son intermédiaire n'avait pas empêché l'humanité de tomber dès sa première origine: il fallait un secours puissant qui nous fortifiât intérieurement contre toute chute, si nous voulions vraiment en user. Or ce secours puissant, l'amour du Père nous l'a donné. A ce Fils bien-aimé, digne de tous les honneurs, il a ordonné de subir la mort la plus ignominieuse. Or, selon le mot de l'Apôtre, Dieu en n'épargnant pas son propre Fils, mais en le livrant pour nous, ne nous a-t-il pas tout donné avec ce Fils objet de ses complaisances? (*Rom.* VIII, 32; *Mat.* XVII, 5.)

De fait, en étudiant plus haut un splendide texte de saint Paul sur le Christ (*Phil.* II, 5-11), nous avons vu que par son obéissance jusqu'à la mort aux ordres de son Père, le Sauveur avait acquis à son humanité un trésor infini de mérites qui lui donnaient sur les biens célestes de la grâce des droits égaux à ceux qu'elle tenait de son union à la seconde Personne de l'adorable Trinité. De ce trésor infini de mérites et de grâces, dont il n'a aucun besoin, même comme homme, le Christ tire sans cesse comme d'une source intarissable et distribue à tous les membres de son corps mystique, à tous les êtres du monde moral, ces secours de lumière et de force qui nous permettent de suivre sans nous égarer et sans nous décourager la voie rude et droite qui mène à la vie (*Mat.* VII, 14).

RÉSUMÉ

Résumons ce long travail :

1° Tous les membres du monde moral tant visible ou humain qu'invisible ou angélique, sont susceptibles de pécher, sauf privilège spécial, que nous ne savons avoir été accordé qu'à la Vierge ; cependant, ces êtres ne pèchent jamais que par ce qu'ils le veulent librement. Ils sont destinés à l'état surnaturel, mais tous ne s'y trouvent pas placés, les uns parce qu'ils n'ont pas reçu la grâce qui les y établirait, les autres parce qu'ils l'ont perdue par le péché, car l'état surnaturel ne rend pas impeccable pendant le temps de l'épreuve à laquelle est nécessairement soumis tout être de l'ordre moral, au moins quand il a atteint son plein développement naturel.

2° Le Christ, comme Homme-Dieu, fait partie du monde moral, mais dans une place hors de pair : il en est le centre et la tête.

3° Dans le monde angélique, il y a eu des chutes, même assez nombreuses, mais moins nombreuses que les persévérances dans le bien : de là, les bons anges, nos protecteurs fidèles et les démons tentateurs acharnés à notre perte. La Rédemption décrétée avant tous les temps comme suite de l'Incarnation, afin que toutes les bonnes volontés du monde moral puissent atteindre la Béatitude, s'étendit aux anges, comme elle s'étend aux hommes : les bons anges en profitèrent, les démons la négligèrent ou en abusèrent. Au reste, sur la nature des êtres du monde moral invisible, nous savons seulement que ces êtres sont intelligents et libres ; sur tout le reste nous ne pouvons former que des conjectures, ainsi que sur leurs chœurs, leurs hiérarchies et leurs offices.

4° La Bible ne s'oppose pas à ce que l'humanité ait commencé par plusieurs couples, mais avec l'âge qu'elle permet de lui donner un couple primitif suffit pour satisfaire aux exigences de la pré-histoire. Ce couple unique avait l'usage de la raison, mais sa responsabilité était atténuée par le manque d'expérience.

5° Quoique destiné à l'état surnaturel avec toutes sa descendance, le couple primitif a pu être créé dans l'état de grâce, ou bien dans l'état de nature puis élevé à l'état de grâce : cette façon de voir a des patrons très respectables et le Concile de Trente a laissé la question libre. Nous préférons la seconde manière de voir, parce qu'elle nous semble résulter de ce qui est dit sur Adam dans les cinq premiers chapitres de la Genèse et paraît plus conforme au mode d'après lequel le gouvernement divin conduit les êtres de l'ordre moral à la Béatitude par l'infusion de la grâce : Dieu opère et ces êtres coopèrent librement, ce qu'ils ne peuvent faire si dans notre espèce ils n'ont déjà l'usage de la raison. Le baptême des enfants n'est qu'une dérogation apparente à cette règle.

6° Nous n'avons aucune preuve que, sans la chute d'Adam, ses descendants seraient venus au monde dans l'état de grâce : ceux qui l'affirment ne se basent que sur des *à priori*. Dans ces conditions, il y a lieu d'admettre que ce qui avait commencé en Adam se serait continué pour toute notre espèce : destinés à l'état surnaturel nous serions venus au monde dans l'état de nature, et nous n'aurions reçu la grâce que quand nous aurions été capables d'y coopérer. Ce manque de coopération nous eût rendus coupables, tandis que jusque-là nous eussions été sans péché, quoique sans grâce. Malheureusement, sans le bienfait de la Rédemption par le Christ, cette coopération aurait manqué toujours ou presque toujours à cause de la corruption du milieu social, commencée par la première génération humaine, puis continuée par les générations suivantes.

7° Ce mode de venue au monde sans péché et sans grâce ne s'est pas réalisée avant la chute d'Adam, mais le livre de la Sagesse nous le montre réalisé après cette chute, et il continue de se réaliser aujourd'hui. Le péché comme tel est digne de *juste* punition, mais seulement dans le pécheur, car nul ne peut pécher pour autrui. Le péché a d'autres effets résultant de sa nature, lesquels peuvent s'étendre hors du pécheur, soit par hérédité dans sa descendance, soit par contagion de mauvais exemples dans son entourage : ce sont ces effets qui gâtent vite le milieu en étendue et en profondeur.

8° La pratique constante de l'Eglise de baptiser les enfants pour qu'ils soient admis au ciel s'ils viennent à mourir est preuve absolue que nous naissons privés de grâce sanctifiante ; cette privation appelée improprement péché, est ce qu'on nomme péché originel. Les Pères sont unanimes pour admettre la nécessité du baptême des enfants et le Concile de Trente la définit dans son quatrième canon sur le péché originel contre les protestants.

9° La nécessité du baptême des enfants ne prouve que l'absence de grâce à notre naissance. On a voulu y voir un péché et le péché d'Adam, mais c'est en faussant *Rom.* V, 12-21, et en lui faisant dire qu'Adam est plus fort pour nous perdre que le Christ pour nous sauver, ou en suivant la mauvaise traduction « *in quo* au lieu de « *propter quod* » *omnes peccaverunt*. Quant à l'existence du péché d'Adam en nous, avant saint Augustin les Pères lui sont en majorité contraire, surtout en Orient, et ceux qui lui paraissent favorables ou manquent de précision, ou appellent le péché, à l'exemple de saint

Paul, la tendance au péché, et celle-là nous vient de la première génération humaine, avec tout ce qu'y ont ajouté les générations suivantes. Le Sauveur, dans *Jean* III, 5-6, donne la vraie raison de la nécessité du baptême pour tous : c'est que la naissance selon la chair ne nous établit que dans l'état de nature, tandis que la naissance selon l'esprit nous établit à une hauteur qui nous permet d'entrer de plain-pied dans le ciel.

Dans saint Jean la chair n'est qu'inférieure à l'esprit (VI, 63), parce qu'elle n'est considérée que comme créature. Dans saint Paul (*Gal.* V, 17), la chair est contraire à l'esprit, parce qu'il s'agit de la chair corrompue. Le baptême par l'esprit, qu'il soit d'eau, — le seul possible pour les enfants, — de sang ou de désir, donne la grâce sanctifiante, mais n'enlève pas les germes de corruption que l'on peut tenir de parents très vicieux. Cette corruption, non péché mais source de péché, que nous portons en nous-mêmes et qui se trouve aussi dans le milieu où nous sommes obligés de vivre, voilà le triste héritage que nous tenons d'Adam par l'intermédiaire de sa descendance qui l'a singulièrement grossi. Le Concile de Trente, dans ses cinq canons sur le Péché originel, a condamné des erreurs protestantes très précises, mais il n'a pas défini que le péché originel ou ce qu'on appelait de ce nom nous venait d'Adam, puisque les deux partis étaient d'accord sur ce point. Il a seulement condamné dans ses deux premiers canons la définition du péché originel donnée par les protestants ; dans les deux suivants, le Concile définit que le péché originel pouvait et devait être effacé par le baptême tant dans les grandes personnes que dans les enfants, même nés de parents baptisés, ce que n'admettaient pas les protestants. Enfin le dernier canon enseigne que la justification est une réalité interne et non une imputation laissant subsister tout le mal à l'intérieur comme le voulaient les protestants.

Sans le puissant remède de la Rédemption, les hommes étaient moralement perdus presque en totalité et les anges au moins en très grande partie. Or Dieu devait à sa grandeur et à sa gloire de porter le plus haut possible son grand Œuvre de la Création, surtout dans le monde moral qui en est la partie la plus excellente. Dans ce but il a réalisé l'Incarnation de son Fils, décrétée avant la création du monde (*Eph.* I, 4) ; mais ce monde moral si haut n'en était pas moins fragile parce qu'il était créature. Or Dieu devait à son amour pour tout ce qu'il a fait (*Sap.* XI, 24) que ce monde si beau ne se perdît pas par sa propre faiblesse. Aussi en livrant à la mort son Fils unique, objet de toutes ses complaisances, Dieu a-t-il donné à chacun des êtres du monde moral un secours tout-puissant qui ne fait que s'offrir, mais qui, librement accepté, les rend forts contre toutes les séductions du mal. Bien plus, même après une chute, la confiance et le courage peuvent renaître entiers, car Dieu, qui aurait pu ne pas pardonner sans Rédemption, s'est, à cause d'elle, engagé à pardonner toujours au vrai repentir.

APPENDICE SUR L'IMMACULÉE CONCEPTION DE LA VIERGE MÈRE DE DIEU

Le péché rend son auteur *coupable*, et de plus inflige à sa nature une déchéance qui est une faiblesse et une difformité morales. La culpabilité ni ne se transmet ni n'est transmissible: chacun pèche pour son compte. Donc la Vierge, pas plus que nous, n'a pu être coupable du péché d'Adam. La culpabilité est appelée *reatus* par les théologiens; or ce mot ne se trouve nulle part dans ce qui a trait à l'Immaculée Conception de la Vierge, ni dans la définition dogmatique de Pie IX, ni dans les Messes de la fête et de la vigile, le 8 et le 7 décembre. Dans une oraison de ces deux messes, il est question de faute originelle (*culpa*); mais dans une autre oraison de ces mêmes messes, « faute » est remplacé par « tache » (*labes*). Ce dernier sens correspond à la déchéance malheureusement trop transmissible que le péché fait subir à la nature de l'être appartenant à l'ordre moral; c'est de cette tache ou souillure que la Vierge est préservée d'une façon merveilleuse, comme nous le montrerons bientôt. Quant au mot *culpa* qui signifie *faute*, son sens ici est tout aussi impropre, mais pas plus extraordinaire que le nom de péché appliqué à l'héritage que nous tenons d'Adam, — y compris la privation de grâce avec laquelle nous naissons — toutes choses en lesquelles nous sommes absolument passifs.

Au reste le document, qui domine et tranche tout, la définition dogmatique de Pie IX dit que la Vierge a été exempte de la tache — non de la culpabilité — due à la faute originelle, qui, comme faute, n'appartient qu'au premier ancêtre. La Vierge fut donc exempte de tous les germes d'inclinations vicieuses que les enfants portent en venant au monde, même quand ils sont issus de la meilleure ascendance. La chair de la Vierge fut ramenée à l'état de la chair d'Adam quand il sortit des mains du créateur; après tout, chasser les germes vicieux ce n'est pas ajouter à la nature, ce n'est pas la changer, c'est la purifier. De cette manière le Christ prenait de la Vierge la nature humaine, telle que comme Verbe divin il l'avait créée dès le commencement. Il semble que nous multiplions à dessein les miracles dans la conception ou début de l'existence de la Vierge, mais il n'en est rien. Nous avons vu que l'Incarnation est ce que Dieu peut faire de plus grand : il pourrait multiplier un tel Œuvre (*Sum. Th.* 3 p. q. 3), il ne saurait le dépasser. Or la Vierge fait partie de l'Incarnation puisque c'est d'elle que le Christ a tiré son corps par conception virginale : cela l'élève à une dignité dont Dieu seul peut mesurer la grandeur.

Quant à la privation de grâce avec laquelle nous venons au monde, quelle qu'en soit la cause, — car nous n'avons donné notre façon de voir sur ce point que comme la mieux fondée, — la nature telle que la veut le Créateur demeure imparfaite tant que ce vide n'est pas rempli. Pour la Vierge il le fut au premier instant de la conception, il ne pouvait pas l'être plus tôt. C'est un privilège de la Vierge Marie : elle a été baptisée à son entrée dans le sein maternel, nous ne pouvons l'être qu'à la sortie. On nous objectera peut-être qu'elle n'a pu coopérer au premier acte de sa sanctification, coopération que nous avons supposée être dès le commencement la loi universelle. Mais si depuis la *venue* du Christ les enfants ont le privilège de pouvoir être justifiés sans qu'il y ait rien de leur propre volonté, pourquoi la Vierge n'aurait-elle pas eu un semblable privilège, elle dont la naissance était l'annonce immédiate de la *venue* du Sauveur ? D'ailleurs, en coopérant de très bonne heure à l'action de son créateur, qui allait être bientôt son Fils, elle fit fructifier cette grâce première au point d'être pleine de grâce quand vint le moment de son élévation aux honneurs de la maternité divine. Comme les prophéties messianiques à cause de leur étendue et de leur complexité ne sont vraiment claires et seulement pour les âmes de bonne volonté que depuis leur accomplissement, ce qui est dit dans *Luc.* II, 49-50, prouve que la Vierge ne connaissait pas encore les grandeurs de son Fils autant qu'après sa Résurrection. Mais cela ne l'empêchait pas de croître en sainteté, de même que les obscurités de la foi nous laissent librement grandir dans la charité.

Il ne faut pas oublier que la Conception immaculée de la Vierge ne fut pas chose négative ou exemption du péché originel ne laissant pas un seul instant cette âme privilégiée entre toutes dans l'inimitié de Dieu, comme on le dit de nous-mêmes avant que nous soyons baptisés, ne venant guère que de naître : langage impropre et même faux, puisque Dieu ne hait rien de ce qu'il a fait (*Sap.* XI, 24) ; il aime l'enfant mais seulement comme être naturel, tandis qu'après le baptême il l'aime comme être surnaturel admissible au ciel.

Pour revenir à la Vierge, la première grâce en elle, bien que moindre que celle par laquelle elle quitta la terre, fut cependant plus grande que celle qu'eut jamais reçu jusque-là une créature. Aussi la *Vulgate* latine en traduisant le grec *kékaritômenê* (*Lc.* I, 28) par *gratia plena*, a-t-elle été plus conforme à la vérité des choses qu'à la signification du mot grec. La raison inattaquable de tout ceci, c'est que si Dieu est la source première de toute grâce, néanmoins d'après le plan actuel de la Providence toutes les grâces que reçoit le monde moral tout entier lui ont été méritées par le Christ-Rédempteur. Or si le Christ-Dieu a donné un mérite infini à ses souffrances, seul le Christ-Homme a pu souffrir. Il a souffert, il est vrai, dans son corps et dans son âme qui fut triste jusqu'à la mort, mais ses ennemis ne pouvaient atteindre son âme qu'en se saisissant de son corps, lequel a subi le honteux et douloureux supplice du crucifiement et d'où s'est écoulé le sang répandu en faveur de beaucoup pour la rémission des péchés. Ce corps et ce sang le Christ les avait pris de la Vierge qui touchait ainsi de plus près qu'aucune créature à la source de la grâce. Aussi en nous bornant à la Vierge sans examiner ses rapports entre son Fils et les membres du monde moral, on peut dire que la source infinie de la grâce débordait sur elle et qu'elle en était pleine et plus que pleine, qu'elle en était inondée.

Arrêtons ici cet appendice. Ce qui précède suffit pour montrer que malgré quelques singularités de notre étude sur la chute du monde moral la conception immaculée de la Vierge ne perd rien de sa grandeur et demeure toujours pour elle un privilège qu'elle ne partage avec aucune autre créature.

— FIN —

Une bonne preuve scripturaire de l'Immaculée Conception est la suivante: le Précurseur du Christ fut sanctifié dans le sein de sa mère (*Luc.* I, 15); or la mère du Christ est incomparablement supérieure au Précurseur; pour que cette différence fût marquée, il fallait qu'elle fût sanctifiée non pas dans le sein de sa mère, mais en y entrant. Inutile d'ajouter que la grâce sanctifiante de la Vierge est supérieure non seulement à celle qui fut donnée à saint Jean, mais à celle qui fut jamais accordée à aucune créature.

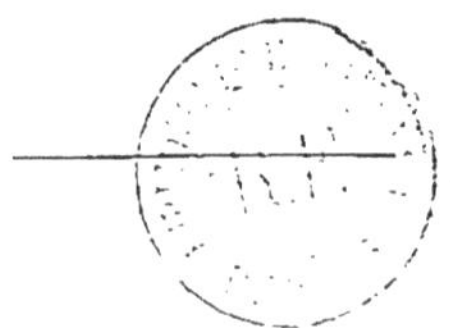

TABLE DES MATIÈRES

L'Origine du mal moral et la Chute primitive

II. — La Rédemption par le Christ, sa puissance, son étendue.

Troisième Partie

I. — L'humanité primitive : sa déchéance originelle.

II. — Chute primitive transmise : moyens de la réparer.

Lyon. — Imprimerie de "La Source", r. Vieille-Monnaie, 21

L'ORIGINE DU MAL MORAL ET LA CHUTE PRIMITIVE

ERRATA

PAGES ET LIGNES	AU LIEU DE	LIRE
3 : 20ᵉ ligne		Ajoutez : dit-on : Sans la faute d'Adam, dit-on.
8 : 33ᵉ »	(*I. Reg.* XII, 19 seqq.)........	(*I. Reg.* XXII, 19 seqq.).
10 : 14ᵉ »		Supprimer le point après la parenthèse.
12 : 9ᵉ »	(*Mat.* XXVIII, 10)...........	(*Mat.* XVIII, 10).
20 : 12ᵉ »	(*Eph.* I, 4)	(*Eph.* I, 10).
30 : 6ᵉ »	(*Col.* I, 27-27)	(*Col.* I, 26-27).
31 : 32ᵉ »	(*ibid.* (Marc III) : 29-30)......	(*ibid.* (Marc III) : 20-30).
40 : 15ᵉ »	...l'article du XXV, 7.........	l'article du II, 7.
41 : 31ᵉ »	(*Gal.* IX, 21-24)..............	(*Gal.* IV, 21-24).
44 : 28ᵉ »	...(*Gen.* V et XV)............	(*Gen.* V et XI).
54 : 22ᵉ »	...(*iterata tractario*)	(*iterata tractatio*).
60 :	(Note) (1) : *amertia* (deux fois).	(Note) (1) : *amartia* (deux fois).
66 : 7ᵉ »	C'est dans sa huitième session..	C'est dans sa cinquième session...
70 : 25ᵉ »	...« par la foi ferme qu'on est... »	...« par la foi ferme on est ».
73 : 35ᵉ »	(*Mat.* XIV, 13-15)............	(*Mat.* XIX, 13-15).
85 : 44ᵉ »	Dignité infinie à laquelle aurait été élevée la Personne qui...	Dignité infinie de la Personne qui...
88 : 10ᵉ »	Dans ces conditions, il y a lieu d'admettre que ce qui avait commencé en Adam se serait...	Dans ces conditions, on peut, contrairement à la pensée de saint Thomas, suivre ce que suggère la pensée de saint Bonaventure et admettre que, même sans la chute primitive, ce qui avait commencé en Adam se serait...

www.ingramcontent.com/pod-product-compliance
Ingram Content Group UK Ltd.
Pitfield, Milton Keynes, MK11 3LW, UK
UKHW021557260726
13993UKWH00002B/887